1 Sieh dir die Internetseite der Wilhelm-Mittelschule an.

Wilhelm-Mittelschule - Mozilla Firefox

Datei Bearbeiten Ansicht Chronik Lesezeichen Extras Hilfe

http://www.wilhelm-mittelschule.de/infos/schuldaten

Herzlich Willkommen bei der Wilhelm-Mittelschule

- Home
- Aktuelles
- Terminkalender
- Infos
  - Schuldaten
  - Fächer
  - Klassen
  - Lehrer
  - Prüfungen
- Elternberatung
- Häufige Fragen
- Kontakt
- Impressum

Wilhelm-Mittelschule

Anschrift	Jahnstraße 3 12345 Neustadt
Telefon	0321 567-0
E-Mail	info@wilhelm-mittelschule.de
Internet	www.wilhelm-mittelschule.de

Klassen

Stufe	5	6	7	8	9	10
Anzahl	2	2	2	2	2	1

Leitung und Verwaltung

Schulleiter	Ulrich Müller
Stellvertreterin	Silvia Berger
Sekretariat	Anne Koch Bettina Weber
Hausmeister	Heiko Schmitt

Lehrer und Schüler

Lehrkräfte	18, davon 2 Referendare
Schülerzahl	156 Jungen, 141 Mädchen

Fertig

Beantworte die Fragen in ganzen Sätzen.

a Wie heißt der Schulleiter der Wilhelm-Mittelschule?

____

b Wer ist seine Stellvertreterin?

____

c Wer arbeitet im Sekretariat der Schule?

____

d Wie heißt der Hausmeister der Schule?

____

e In welcher Stadt ist die Wilhelm-Mittelschule?

____

f Wie viele Klassen gibt es insgesamt in der Schule?

____

g Wie viele Schülerinnen und Schüler besuchen insgesamt die Wilhelm-Mittelschule?

____

____

2 Betrachte den Plan der Wilhelm-Mittelschule.

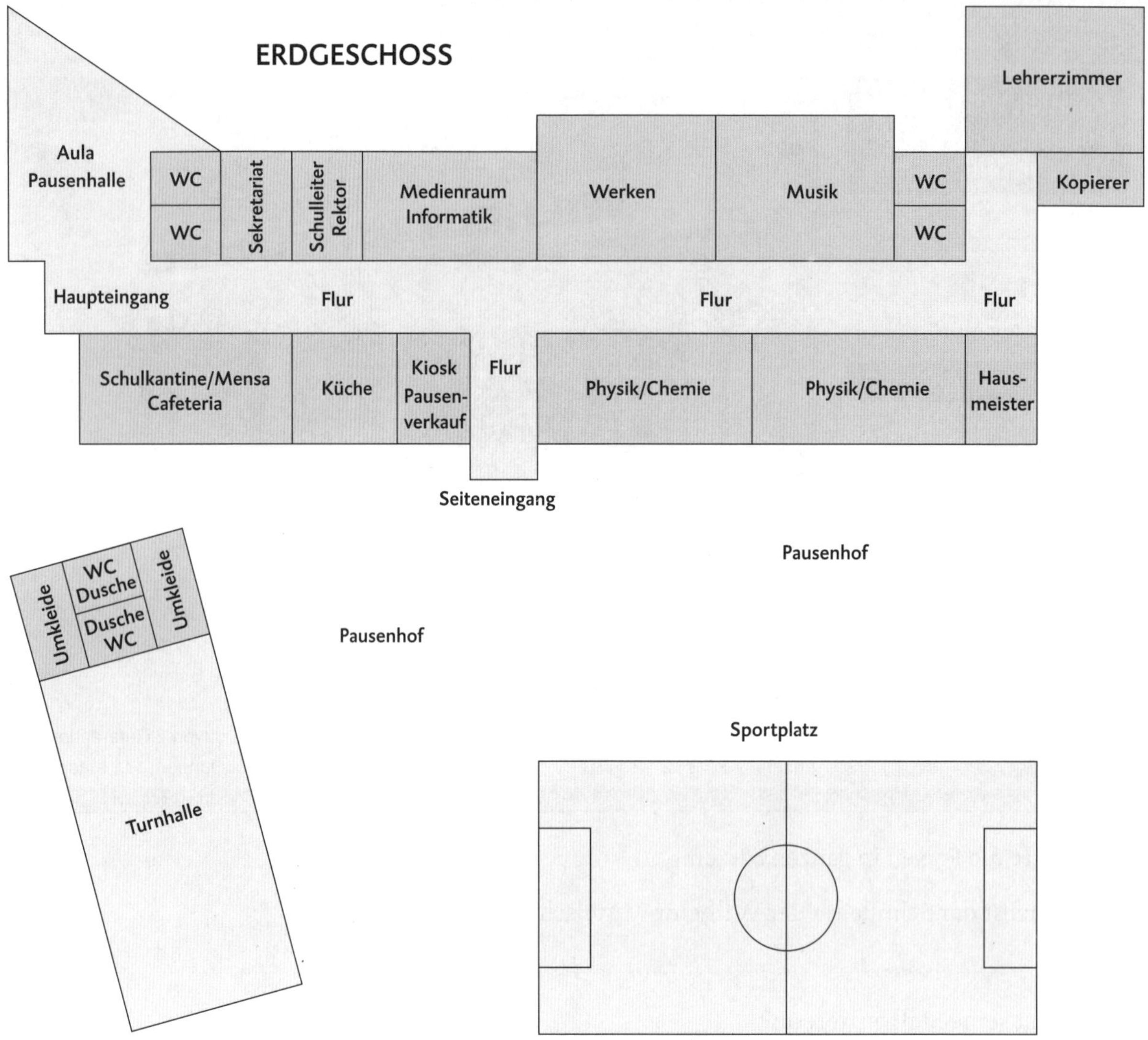

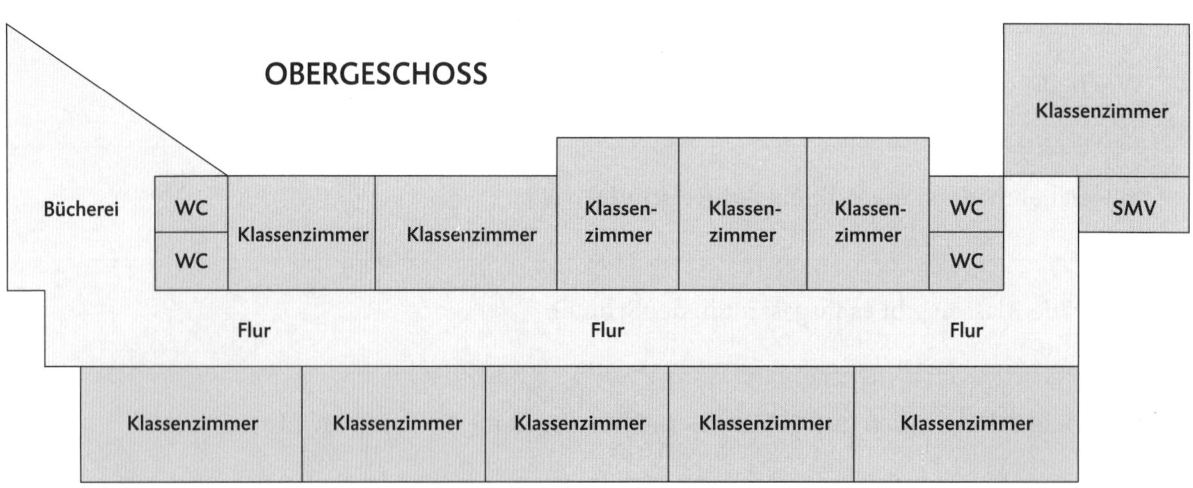

LÖSUNGSHEFT

Deutsch als Zweitsprache
Lernfeld 2 – Lernen

STARK

Grundkurs

Themenwortschatz

Im Schulhaus

Aufgaben 1–10

die Aula
die Bücherei
das Büro
die Cafeteria
das Chemielabor
der Computerraum
die Dusche
der Eingang
das Erdgeschoss
der Fachraum
der Flur
der Fußboden
der Haupteingang
der Kiosk
das Klassenzimmer
der Kopierer
die Küche
das Lehrerzimmer
der Medienraum
die Mensa
der Musikraum
das Obergeschoss
die Pausenhalle
der Pausenhof
der Pausenverkauf
der Physiksaal
der Plan
der Raum, die Räume
der Saal
die Schulbücherei
das Schulhaus
der Schulhof
die Schulkantine
der Seiteneingang
das Sekretariat
das Sportfeld
der Sportplatz
das Stockwerk
die Turnhalle
die Umkleide
der Umkleideraum
das WC
der Werkraum

der Hausmeister
die Lehrkraft, die Lehrkräfte
der Referendar
die Referendarin
der Rektor
die Rektorin
die Schülermitverantwortung
der Schulleiter
die Schulleiterin
die Sekretärin
der Stellvertreter
die Stellvertreterin

In welchem Stockwerk ist …?
Welche Zimmernummer hat …?
Wer arbeitet …?
Wer ist …?
Wie heißt …?
Wie viele …?
Wo finde ich/ist …?

Unterricht

Aufgaben 1–10, 13, 16–22, 34–38, 51

die Aufgabe
der Aufsatz
der Bruch, die Brüche
das Experiment
das Fach, die Fächer
die Freistunde
die Ganztagsschule
das Gedicht
die Klassenstufe
das Lieblingsfach
die Mittagspause
die Nachhilfe
das Pausenbrot
das Projekt
die Prüfung
das Referat
der Schulausflug
der Stundenplan
der Test
der Versuch

Arbeitslehre
Biologie
Buchführung
Chemie
Geometrie
Geschichte
Informatik
Kommunikationstechnik
Naturwissenschaften
Physik
Religion
Werken
Wirtschaft

abschreiben
arbeiten
aufhängen
aufschreiben
ausschneiden
basteln
beobachten
dichten
durchführen
einheften
einordnen
eintippen
erledigen
erzählen
experimentieren
formen
forschen
gestalten
hochfahren
kleben
kopieren
lernen
notieren
plaudern
runden
speichern
stören
übersetzen
untersuchen
vergessen
vorbereiten
vortragen
wischen
zuhören

Gegenstände im Schulalltag

Aufgaben 5, 11–16, 34, 44

das Arbeitsblatt
die Batterie
das Bauteil
die Bibel
der Bildschirm
das Blatt, die Blätter
das Buch, die Bücher
die Büroklammer
die Computermaus
der Filzstift
der Folienstift
die Formelsammlung
das Hausaufgabenheft
der Kartenständer
der Karton
der Klebstoff
der Laborkittel
das Lexikon
der Magnet
das Material
das Messgerät
das Mikroskop
der Notenständer
der Ordner
der PC
die Pinnwand
das Reagenzglas
der Rucksack
der Schnellhefter
die Schutzbrille
das Skelett
die Sporttasche
die Tastatur
die Turnmatte
das Vokabelheft
das Workbook

Freizeitbeschäftigungen

Aufgaben 5, 8, 17–22, 37, 51–54

Badminton spielen
Eis essen
ein Fest feiern
Freunde besuchen
Freunde einladen
Gymnastik machen
mit dem Handy telefonieren
im Internet surfen
Leichtathletik trainieren
Schlittschuh laufen
Sport treiben
Tagebuch schreiben
einen Witz erzählen
fangen
fotografieren
kaufen
musizieren
schlafen
schwimmen
singen
springen
tanzen
turnen
werfen

Zeitangaben

Aufgaben 7, 22–24, 27–40, 51, 53

die Wochentage
- Montag
- Dienstag
- Mittwoch
- Donnerstag
- Freitag

das Wochenende
- Samstag
- Sonntag

die Monate
- Januar
- Februar
- März
- April
- Mai
- Juni
- Juli
- August
- September
- Oktober
- November
- Dezember

die Schulferien
- die Osterferien
- die Sommerferien
- die Weihnachtsferien

in der Pause
im Unterricht
nach der Schule

Wie spät ist es?
Es ist …
- zwei Uhr/
  vierzehn Uhr.
- Viertel nach zwei/
  vierzehn Uhr fünfzehn.
- halb drei/
  vierzehn Uhr dreißig.
- Viertel vor drei/
  vierzehn Uhr fünfundvierzig.
- drei Uhr/
  fünfzehn Uhr.

der Fahrplan
der Kalender
der Termin
die Uhrzeit

abfahren
ankommen
dauern
warten

abends
mittags
am Nachmittag
am Vormittag

heute
morgen

im Sommer
im Winter

Ortsangaben
Aufgaben 7, 40, 41, 45, 48, 49, 51, 52

das Ausland
die Berge
das Dorf
die Heimatstadt
das Land, die Länder
die Stadt
der Treffpunkt
der Vorort
die Welt
das Zentrum

draußen
drinnen

Australien
Bayern
China
Deutschland
Estland
Europa
Irland
Japan
Polen
Rumänien
Russland
Schweden
Tschechien
die Türkei

Verkehrsmittel
Aufgaben 30, 31, 40

das Auto
die Bahn
der Bus
der Zug

die Bushaltestelle
zu Fuß
pendeln
der Stau

Ordnungszahlen
Aufgaben 25–28, 34–36, 38, 39

1. erster
2. zweiter
3. dritter
4. vierter
5. fünfter
10. zehnter
11. elfter
12. zwölfter
19. neunzehnter

20. zwanzigster
30. dreißigster
40. vierzigster
50. fünfzigster
60. sechzigster
70. siebzigster
80. achtzigster
90. neunzigster
100. hundertster

Eigenschaften

Aufgaben 5, 8–10, 22, 42–46, 48–51

die Bedeutung
die Beschaffenheit
die Farbe
die Form
die Funktion
die Größe
das Holz
das Material
der Zweck

blau
braun
gelb
gold
grau
grün
orange
rosa
rot
schwarz
türkis
violett
weiß

alt
ängstlich
beliebt
berühmt
bunt
dünn
eisig
eng
fleißig
gefährlich
groß
gut
heiß
hohl
kalt
klein
krank
lang
laut
modern
müde
mutig
neu
prima
pünktlich
richtig
riesig
sauber
schlecht
schlimm
schön
schrecklich
schwer
spannend
spät
toll
topaktuell
typisch
uralt
vorsichtig
waghalsig
warm
weich
winzig

Persönliche Angaben

Aufgaben 1, 3, 26, 37, 40, 41, 49

die Anschrift
die E-Mail-Adresse
die Homepage
die Internetadresse
die Kontaktdaten
der Nachname
der Spitzname
der Vorname

der Cousin
das Familienmitglied
die Frau
die Großeltern
die Großmutter
der Großvater
die Tochter
die Vorfahren

Arbeitsleben

Aufgaben 34, 37, 40, 41, 51

der Angestellte
die Arbeit
die Ausbildung
die Bank
der Beruf
der Betrieb
der Gastarbeiter
das Geld

der Job
das Krankenhaus
der Zahnarzt

herstellen
produzieren
Urlaub machen
verkaufen

Höflich nachfragen

Aufgabe 47

Das habe ich nicht verstanden.
Ich verstehe das nicht.
Kannst du das bitte wiederholen?
Kannst du das noch einmal sagen?

Wiederholen Sie das bitte noch einmal.
Wie heißt das auf Deutsch?
Wie sagt man das auf Deutsch?
Zeig mal, wie das geht!

Vorlieben und Abneigungen

Aufgaben 10, 37, 38, 40

mögen
sich freuen

sich verlieben
vermissen

Lösungsvorschläge

1 a) Der Schulleiter der Wilhelm-Mittelschule heißt Ulrich Müller.
b) Seine Stellvertreterin ist Silvia Berger.
c) Im Sekretariat arbeiten Anne Koch und Bettina Weber.
d) Der Hausmeister der Schule heißt Heiko Schmitt.
e) Die Wilhelm-Mittelschule ist in Neustadt.
f) Insgesamt gibt es in der Schule elf Klassen.
g) Insgesamt besuchen 297 Schülerinnen und Schüler die Wilhelm-Mittelschule.

2 a)

	richtig	falsch
• Das Büro des Rektors ist neben dem Sekretariat.	☒	☐
• Das Büro des Hausmeisters ist im Obergeschoss.	☐	☒
• Der Pausenverkauf ist neben dem Haupteingang.	☐	☒
• Alle Klassenzimmer sind im Obergeschoss.	☒	☐
• Die Schulbücherei ist über der Aula.	☒	☐
• Der Medienraum ist neben dem Lehrerzimmer.	☐	☒
• In der Turnhalle gibt es vier Umkleideräume.	☐	☒
• Der Sportplatz ist hinter dem Pausenhof.	☒	☐

b)
- Nein, das Büro des Hausmeisters ist nicht im Obergeschoss. Es ist im Erdgeschoss.
- Nein, der Pausenverkauf ist nicht neben dem Haupteingang. Er ist neben dem Seiteneingang.
- Nein, der Medienraum ist nicht neben dem Lehrerzimmer. Er ist neben dem Büro des Rektors.
- Nein, in der Turnhalle gibt es keine vier Umkleideräume. Es gibt nur zwei Umkleiden.

c)
- Im Schulhaus sind elf Klassenzimmer.
- Der Musikraum ist im Erdgeschoss.
- Es gibt zwei Fachräume für Physik und Chemie.
- Die Cafeteria der Schule ist neben dem Haupteingang. Sie ist in der Schulkantine.
- Das Büro der Schülermitverantwortung ist im Obergeschoss.

d) *individuelle Lösungen*

3 *individuelle Lösungen*

4 *individuelle Lösungen*

5 *Hörtext (Track 1):*

Im Raum **Nummer 1** stehen viele technische Geräte. Meist ist jeder Arbeitsplatz mit einem PC ausgestattet. Unterrichtet werden in diesem Raum Fächer wie Informatik, Buchführung und Kommunikationstechnik. Die Schüler lernen hier allgemein den Umgang mit dem Computer.

Der Ort **Nummer 2** ist bei Schülern sehr beliebt. Immer wenn gerade kein Unterricht ist, sind scharenweise Kinder zu sehen. Vor allem bei schönem Wetter sind dort viele Schüler zu finden. Bei Regen bleiben die meisten lieber in der Aula. Manche Schüler spielen dort Fußball oder Fangen. Andere plaudern miteinander oder essen ihr Pausenbrot.

Im Raum **Nummer 3** treiben die Schüler Sport. Sie turnen dort an Geräten oder machen Gymnastik. Auf dem Fußboden sind viele Linien. Diese markieren verschiedene Sportfelder, damit die Schüler zum Beispiel Volleyball oder Badminton spielen können.

Auch am Ort **Nummer 4** haben die Schüler Sportunterricht – aber nur, wenn es draußen schön und warm ist. Hier trainieren die Schüler das Laufen, Springen und Werfen. Oft spielen sie dort Ball, zum Beispiel Fußball, Handball oder Basketball.

Im Raum **Nummer 5** stehen ganz viele Bücher und andere Materialien, die man zum Lernen braucht. Die Schüler können hier in Ruhe lesen oder sich die Bücher ausleihen. In Pausen oder nach dem Unterricht kann der Raum manchmal auch zum Lernen und Arbeiten genutzt werden.

Den Raum **Nummer 6** gibt es meist nur an Ganztagsschulen. Es ist ein großer Saal, in dem die Schüler ihre Mittagspause verbringen können. Dort bekommen sie in der Regel eine warme Mahlzeit für wenig Geld.

Im Raum **Nummer 7** werden die naturwissenschaftlichen Fächer unterrichtet. Der Lehrer führt dort mit den Schülern Versuche und Experimente durch. Man findet in dem Raum zum Beispiel ein Mikroskop, zahlreiche Messgeräte, verschiedenste Bauteile und viele Reagenzgläser.

Im Raum **Nummer 8** wird Musik gehört und Musik gemacht. Die Schüler lernen hier, Noten zu lesen und ein Instrument zu spielen. In diesem Raum wird musiziert, gesungen und getanzt.

Sportplatz

Computerraum, Medienraum

Musikraum

Schulkantine, Mensa

Schulbücherei

Turnhalle

Pausenhof, Schulhof

Physiksaal, Chemielabor

6 a)

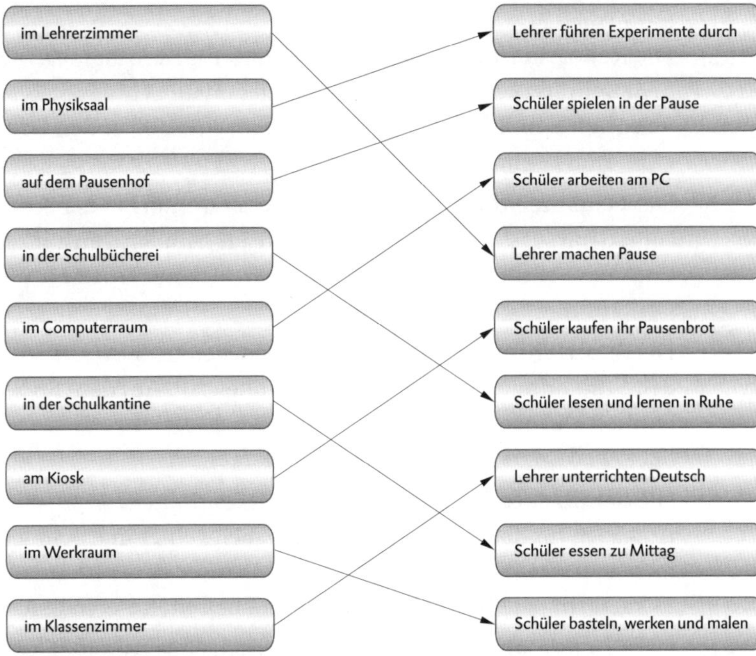

b) Im Lehrerzimmer machen die Lehrer Pause.
Im Physiksaal führen die Lehrer Experimente durch.
Auf dem Pausenhof spielen die Schüler in der Pause.
In der Schulbücherei lesen und lernen die Schüler in Ruhe.
Im Computerraum arbeiten die Schüler am PC.
In der Schulkantine essen die Schüler zu Mittag.
Am Kiosk kaufen die Schüler ihr Pausenbrot.
Im Werkraum basteln, werken und malen die Schüler.
Im Klassenzimmer unterrichten die Lehrer Deutsch.

7 a) Im Sportunterricht spiele ich am liebsten Handball auf dem Sportplatz.
b) Im Winter machen wir aber nur in der Turnhalle Sport.
c) Bei schönem Wetter sind wir in der Pause draußen auf dem Schulhof.
d) Bei Regen verbringen wir die Pause drinnen in der Pausenhalle.
e) In der Pause kaufe ich mir am Schulkiosk meistens etwas zu essen.
f) Wenn wir am Nachmittag Unterricht haben, esse ich mittags in der Schulkantine.

8 *Hörtext (Track 2):*

a) Die **Rektorin** ist die **Leiterin** der Schule. Ihr Büro ist meist neben dem **Sekretariat**. Sie organisiert den gesamten Schulbetrieb. Vor der **Schulleiterin** haben alle Respekt. Wenn ein Schüler den **Unterricht** stört, muss er in ihr Büro kommen.

b) Der **Hausmeister** kümmert sich um die Ordnung in der Schule. Er sorgt dafür, dass es im **Schulhaus** und auf dem **Pausenhof** sauber ist und alles richtig läuft. Manchmal hilft er auch im **Kiosk** beim **Pausenverkauf** mit.

c) Die **Sportlehrerin** unterrichtet die Mädchen in Sport. Sie spielt mit den Schülerinnen in der **Turnhalle** Volleyball. Auf dem **Sportplatz** trainiert sie mit ihnen Leichtathletik. Die **Sportlehrerin** ist sehr beliebt, weil Sport für viele das **Lieblingsfach** ist.

d) Die **Schulsekretärin** arbeitet meist am Computer. Sie erledigt viele Aufgaben für die **Schulleitung**. Aber auch Lehrer und Schüler kommen zu ihr ins **Sekretariat**. Wenn ein Schüler krank ist, stellt die **Sekretärin** eine Bescheinigung aus und befreit ihn vom **Unterricht**.

e) Der **Chemielehrer** erklärt den Schülern die Eigenschaften von chemischen Stoffen. Im **Chemielabor** führt er mit ihnen chemische **Versuche** durch. Der **Chemieunterricht** ist spannend, aber nicht ungefährlich. Deshalb muss der **Chemielehrer** sehr vorsichtig sein.

9 *individuelle Lösungen*

10 *individuelle Lösungen*

11 Wenn du das Domino richtig gelegt hast, erkennst du den Buchstaben **G**.
Vergleiche dein Domino auch mit den Lösungen deiner Mitschüler.

12 a)
- der Folienstift
- die Kreide
- der Textmarker
- der Kugelschreiber
- der Filzstift
- der Bleistift

b) *individuelle Lösungen*

13 *Hörtext (Track 3):*

a) Es gibt ihn in vielen verschiedenen Farben. Er ist aus stabilem Karton. Du kannst darin gelochte Blätter einordnen. Meistens heftest du dort Arbeitsblätter ein, die du vom Lehrer erhalten hast. Was ist gesucht?
Ordner

b) Es ist ein kleines, dünnes Büchlein. Wie in einem Kalender ist es nach Wochentagen eingeteilt. Es hilft dir bei der Planung deiner Aufgaben, die du zu Hause erledigen musst. Darin schreibst du auf, an welchem Tag du welche Aufgaben für welches Fach machen musst. Was ist das?
Hausaufgabenheft

c) In ihm hat eine Menge Platz. Du kannst ihn als Schulranzen verwenden oder du nimmst ihn zum Wandern mit. Du kannst damit auch auf Reisen gehen. Er ist einfach zu tragen, weil du ihn auf den Rücken nimmst. Weißt du, was das ist?
Rucksack

d) Es gibt ihn meist in der Tube oder als Stift. Er ist zäh und pappig. Mit ihm kannst du etwas festmachen. Wenn du damit zwei Dinge zusammenfügst, bleiben sie aneinander haften und gehen nicht mehr auseinander. Wovon ist die Rede?
Klebstoff

14

der	die	das
Zirkel	*Pinnwand*	*Lineal*
Schnellhefter	*Formelsammlung*	*Arbeitsblatt*
Kartenständer	*Tastatur*	*Geodreieck*

15 a)
○ Ich habe keinen Taschenrechner.
⊙ Hier bitte, nimm meinen Taschenrechner.

○ Ich brauche eine Schere.
⊙ Da, du kannst meine Schere haben.

○ Ich habe kein Geodreieck.
⊙ Hier bitte, nimm mein Geodreieck.

○ Ich brauche einen Radiergummi.
⊙ Da, du kannst meinen Radiergummi haben.

○ Ich habe keinen Malkasten.
⊙ Hier bitte, nimm meinen Malkasten.

○ Ich brauche ein Notenheft.
⊙ Da, du kannst mein Notenheft haben.

○ Ich habe keinen Locher.
⊙ Hier bitte, nimm meinen Locher.

○ Ich brauche ein Lesebuch.
⊙ Da, du kannst mein Lesebuch haben.

○ Ich habe keine Turnschuhe.
⊙ Hier bitte, nimm meine Turnschuhe.

b) *individuelle Lösungen*

16 a)

(1) Schwamm
(2) Taschenrechner
(3) Pinsel
(4) Englischbuch
(5) Kartenständer
(6) Ordner
(7) Hausaufgabenheft
(8) Geodreieck

(3) Bild
(8) Winkel
(4) Vokabeln
(7) Hausaufgaben
(1) Tafel
(2) Zahlen
(5) Landkarte
(6) Arbeitsblätter

(8) messen
(7) aufschreiben
(1) wischen
(6) einheften
(2) eintippen
(4) lernen
(3) malen
(5) aufhängen

b) (1) Ich wische die Tafel mit dem Schwamm.
(2) Ich tippe die Zahlen in den Taschenrechner ein.
(3) Ich male das Bild mit dem Pinsel.
(4) Ich lerne die Vokabeln aus dem Englischbuch.
(5) Ich hänge die Landkarte am Kartenständer auf.
(6) Ich hefte die Arbeitsblätter in den Ordner ein.
(7) Ich schreibe die Hausaufgaben im Hausaufgabenheft auf.
(8) Ich messe den Winkel mit dem Geodreieck.

17 a) Mathematik
b) Sport
c) Kunst
d) Musik
e) Deutsch
f) Physik

18 Mesut hört Musik.
Karina liest ein Buch.
Laura schreibt einen Aufsatz.
Mischa schläft auf dem Tisch.
Maria, Hina, Chim und Leo surfen im Internet.
Caroline telefoniert mit ihrem Handy.

19 *individuelle Lösungen*

20 a) Fußball:
~~schwimmen~~ – spielen – trainieren – schauen – ~~schreiben~~ – ~~trinken~~

b) Freunde:
treffen – besuchen – ~~lesen~~ – einladen – ~~wischen~~ – ~~rechnen~~

c) Computer:
~~wandern~~ – ~~malen~~ – hochfahren – speichern – spielen – ~~singen~~

d) Handy:
telefonieren – ~~schlafen~~ – ~~tanzen~~ – fotografieren – ~~gehen~~ – anrufen

e) Pizza:
essen – ~~schwätzen~~ – backen – zubereiten – ~~lernen~~ – ~~runden~~

21 a)

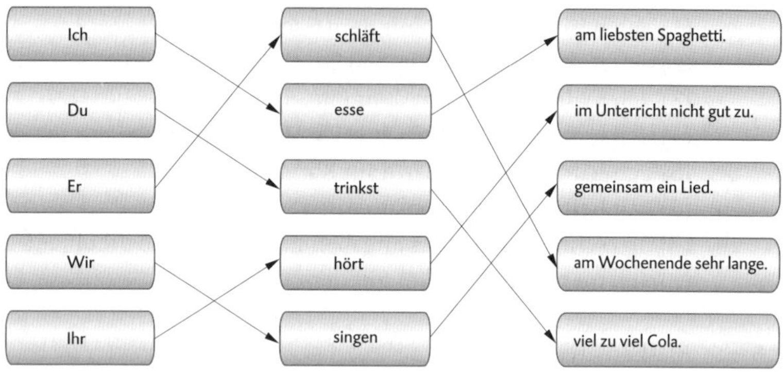

b) Ich esse am liebsten Spaghetti.
Du trinkst viel zu viel Cola.
Er schläft am Wochenende sehr lange.
Wir singen gemeinsam ein Lied.
Ihr hört im Unterricht nicht gut zu.

22 Freistunde! Aber Emel ist fleißig, sie **wischt** die Tafel. Andrej hat schon wieder seine Hausaufgaben vergessen, er **schreibt** sie schnell von Serkan ab. Marina **lernt** Vokabeln für den Englischtest morgen. Ayse **hört** mit ihrem MP3-Player Musik. Lucia **isst** ihr Pausenbrot. Carlos **erzählt** einen Witz. Nur Kerem ist müde, er **schläft** auf dem Tisch, weil er abends immer zu lange im Internet **surft**.

23 a) Samstag
b) Dienstag
c) Freitag
d) Mittwoch
e) Sonntag
f) Montag

24

T	D	I	E	N	S	T	A	G	T	N	M	S	U	A	P	W	Ü	R	F	E	B	R	U	A	R	F
E	R	Ä	T	Z	U	I	M	N	I	H	Q	V	A	Y	Ö	S	T	U	R	P	H	T	Q	W	U	I
R	S	A	M	S	T	A	G	Z	J	U	N	I	W	S	L	F	X	O	E	T	O	J	A	S	J	P
D	E	M	U	B	E	J	U	L	A	C	A	N	S	D	I	K	G	H	I	S	K	U	Y	X	M	O
W	P	Ö	N	Ä	V	S	O	N	N	T	A	G	D	C	K	F	M	C	T	Y	B	L	E	T	I	D
B	T	U	M	R	M	K	R	Z	U	W	T	N	R	V	U	E	I	H	A	G	E	I	D	G	K	L
N	E	T	J	D	Q	Ö	F	T	A	R	H	O	F	M	O	N	T	A	G	H	T	C	V	B	O	K
M	M	R	K	E	Y	W	Z	E	R	U	J	K	G	A	Z	G	T	S	X	J	Z	H	R	Z	L	M
K	B	W	R	Z	V	R	B	H	U	Ö	X	T	Z	I	T	H	W	G	T	Z	Y	J	A	H	P	N
O	E	J	E	E	L	S	K	A	I	J	K	O	H	B	R	J	O	B	Ü	Y	N	U	P	N	Ö	B
P	R	Ü	S	M	F	B	N	O	V	E	M	B	E	R	D	O	C	U	J	N	M	Ä	R	Z	A	V
W	T	B	N	B	G	K	L	N	K	Z	F	E	U	K	X	K	H	I	T	K	L	O	I	U	Ü	F
D	O	N	N	E	R	S	T	A	G	T	G	R	I	O	Y	Ä	B	G	D	P	Ö	K	L	J	Y	E
A	W	Q	Ü	R	H	L	Ä	M	R	E	U	X	A	U	G	U	S	T	P	I	W	R	K	M	Ä	D

Wochentage	Monate	
1. *Montag*	1. *Januar*	7. *Juli*
2. *Dienstag*	2. *Februar*	8. *August*
3. *Mittwoch*	3. *März*	9. *September*
4. *Donnerstag*	4. *April*	10. *Oktober*
5. *Freitag*	5. *Mai*	11. *November*
6. *Samstag*	6. *Juni*	12. *Dezember*
7. *Sonntag*		

25
1. der erste Platz
2. der zweite Platz
3. der dritte Platz
5. der fünfte Platz
11. der elfte Platz
17. der siebzehnte Platz
20. der zwanzigste Platz
41. der einundvierzigste Platz
54. der vierundfünfzigste Platz
106. der hundertsechste Platz

26 *individuelle Lösungen*

27 a) Silvester ist am **einunddreißigsten Dezember.**
b) Der Tag der deutschen Einheit ist am **dritten Oktober.**
c) Nikolaus ist am **sechsten Dezember.**
d) Valentinstag ist am **vierzehnten Februar.**
e) Der Tag der Arbeit ist am **ersten Mai.**

28 a) Die Sommerferien dauern vom **sechsundzwanzigsten Siebten** bis zum **achten Neunten.**
b) Die Weihnachtsferien dauern vom **dreiundzwanzigsten Zwölften bis zum siebten Ersten.**
c) Die Osterferien dauern vom **achtundzwanzigsten Dritten bis zum achten Vierten.**

29 Es ist …
a) zwei Uhr.
b) halb vier.
c) Viertel nach vier.
d) Viertel vor sieben.
e) acht Uhr.
f) Viertel vor zehn.

30 *Hörtext (Track 4):*
a) Super, heute fällt die letzte Stunde aus! Dann bin ich schon um **Viertel vor eins** zu Hause.
1:15 12:45 13:15 13:45
b) Radio Soundcheck! Es ist **fünf nach halb elf**. Hier der aktuellste Verkehrsservice.
10:35 10:45 11:30 11:35
c) An Gleis 3 fährt ein: der ICE von München nach Hamburg. Weiterfahrt um **zwölf Uhr zweiunddreißig**.
0:32 12:23 12:32 13:23
d) Hoffentlich kommt der Bus bald! Ich bin schon spät dran. In **zehn Minuten ist es halb vier**, da fängt mein Gitarrenunterricht an.
10:40 15:20 15:40 16:30

31 *Mögliche Fragen und Antworten:*
Wann fährt der RE in Köln ab? – Der RE fährt um 15:31 Uhr ab.
Wann kommt der RE in Düsseldorf an? – Der RE kommt um 16:01 Uhr an.
Wie lange dauert die Fahrt im RE von Köln nach Düsseldorf? –
Die Fahrt dauert eine halbe Stunde.

Wann fährt der IC in Köln ab? – Der IC fährt um 17:53 Uhr ab.
Wann kommt der IC in Frankfurt an? – Der IC kommt um 20:13 Uhr an.
Wie lange dauert die Fahrt im IC von Köln nach Frankfurt? –
Die Fahrt dauert zwei Stunden und zwanzig Minuten.

Wann fährt der ICE in Köln ab? – Der ICE fährt um 18:48 Uhr ab.
Wann kommt der ICE in Berlin an? – Der ICE kommt um 23:14 Uhr an.
Wie lange dauert die Fahrt im ICE von Köln nach Berlin? –
Die Fahrt dauert vier Stunden und sechsundzwanzig Minuten.

32 *individuelle Lösungen*

33 *individuelle Lösungen*

34 a)

Sport	(4)	Sportschuhe	Handtuch	Volleyball	Turnmatte
Biologie	(1)	Mikroskop	Pflanzen	Skelett	Tiere
Englisch	(4)	Lexikon	Vokabelheft	Workbook	Übersetzung
Mathematik	(5)	Addition	Brüche	Geometrie	Zirkel
Chemie	(1)	Laborkittel	Schutzbrille	Reagenzglas	Versuch
Geschichte	(1)	Steinzeit	Quelle	Altertum	Vergangenheit
Erdkunde	(1)	Globus	Maßstab	Atlas	Landkarte
Kunst	(2)	Buntstifte	Malkasten	Kreide	Zeichenblock
Deutsch	(5)	Lesebuch	Duden	Aufsatz	Gedicht
Musik	(2)	Notenheft	Klavier	Lied	Notenständer
Religion	(2)	Bibel	Gott	Christentum	Glaube
Physik	(1)	Magnet	Energie	Batterie	Strom
Arbeitslehre	(3)	Wirtschaft	Geld	Beruf	Ausbildung

b) *Möglicher Stundenplan:*

	Montag	Dienstag	Mittwoch	Donnerstag	Freitag
1	Mathematik	Mathematik	Englisch	Deutsch	Deutsch
2	Mathematik	Deutsch	Biologie	Deutsch	Mathematik
3	Religion	Kunst	Geschichte	Chemie	Englisch
4	Arbeitslehre	Kunst	Mathematik	Englisch	Physik
5	Musik	Englisch	Arbeitslehre	Erdkunde	Sport
6	Deutsch	Religion	Arbeitslehre	Musik	Sport
7			Sport		
8			Sport		

c) *Mögliche Lösung:*

- Am **Montag** hat Vitali in der **ersten** Stunde **Mathematik**.
- Am **Dienstag** ist die **zweite** Stunde **Deutsch**.
- Am **Mittwoch** hat Vitali in der **dritten** Stunde **Geschichte**.
- Am **Donnerstag** ist in der **vierten** Stunde **Englisch**.
- Am **Freitag** sind die **fünfte** und die **sechste** Stunde **Sport**.

35 *individuelle Lösungen*

36 *individuelle Lösungen*

37 *Hörtext (Track 5):*

Sara: Hallo Marco, was machst du heute nach der Schule? Hast du Lust, mit mir ein Eis essen zu gehen?

Marco: Hi Sara! Ich würde gerne, aber **Montag** ist bei mir immer schlecht. Da hab ich um **drei Uhr Handballtraining**.

Sara: Und wie sieht es morgen Nachmittag bei dir aus?

Marco: Der **Dienstag** ist auch schon verplant. Um **Viertel nach drei** muss ich bei meinem Cousin sein. Er gibt mir **Nachhilfe** in Mathe, weil wir am Mittwoch einen Test schreiben und ich unbedingt eine Vier brauche.

Sara: Und was machst du am **Mittwochnachmittag**? Dann ist ja der Mathe-Test vorbei.

Marco: Ich habe meiner Mutter versprochen, dass ich spätestens um **halb drei** daheim bin und auf meinen **kleinen Bruder** aufpasse, weil sie zu einem Vorstellungsgespräch muss.

Sara: Und am Donnerstag, hast du da etwa auch schon was vor?

Marco: Ja, leider. Am **Donnerstag** hab ich um **Viertel vor vier** einen **Zahnarzttermin**.

Sara: Das gibt's doch nicht! Dann hab ich am Freitag vermutlich auch kein Glück, oder?

Marco: Doch, **Freitag** ist prima! Wie wär's, wenn wir uns um **halb vier** an der **Eisdiele** treffen?

Sara: Gerne, ich bin dabei. Dann bis Freitag!

Marco: Super, ich freu mich. Bis dann!

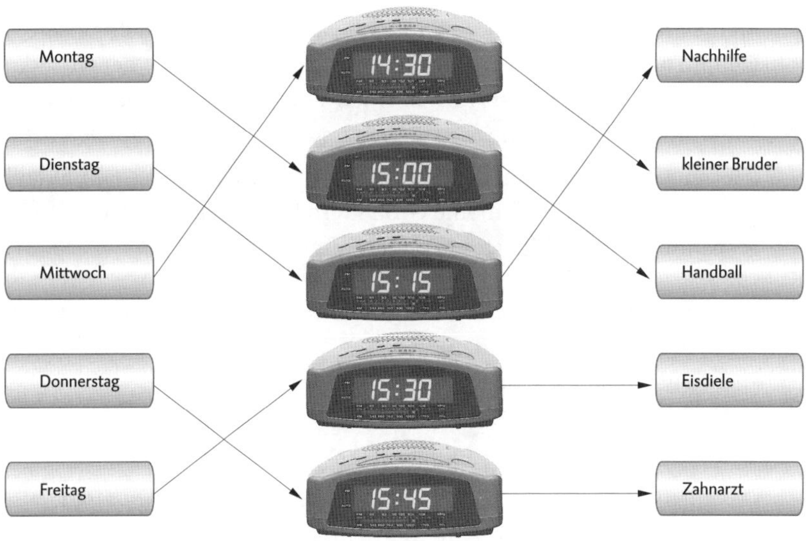

38 Liebes Tagebuch,
der fünfte Mai ist ein Glückstag! Heute kam ein neuer Schüler in die Klasse. Goran ist so süß! Ich habe mich in der ersten Sekunde in ihn verliebt. In der dritten Stunde hat uns der Lehrer ein gemeinsames Projekt aufgegeben. Wir treffen uns gleich am Mittwoch um halb vier bei mir, um das Referat vorzubereiten. Ich bin so glücklich!

39 *individuelle Lösungen*

40 *Hörtext (Track 6):*

Hallo! Ich bin Süleyman und komme aus Köln. Im ersten Moment wirkt das auf manche Menschen etwas seltsam, wenn ich sage, ich komme aus Köln. Aber ich bin in Köln geboren und hier aufgewachsen. Meine Eltern sind damals als Gastarbeiter nach Deutschland gekommen. Als meine Schwester und ich dann auf der Welt waren, haben sie sich entschieden, für immer hier zu bleiben.

Jetzt lebe ich mit meiner eigenen kleinen Familie in einem Vorort von Köln. Zur Arbeit muss ich allerdings ins Zentrum von Köln fahren. Ich arbeite als Angestellter in einer Bankfiliale. Meine Arbeit mag ich gern, nur das tägliche Pendeln nervt mich ziemlich. Vor und nach der Arbeit bin ich mit Bahn und Bus fast eine Stunde unterwegs. Das ist aber immer noch schneller als mit dem Auto, denn damit steht man in Köln immer im Stau.

Meine Frau arbeitet im Moment nicht, weil vor vier Monaten unsere kleine Tochter Filiz zur Welt gekommen ist. Filiz ist auch der Grund, weshalb wir aus dem Zentrum in einen Vorort gezogen sind. Sie soll in einer ruhigen Umgebung aufwachsen und viel Platz zum Spielen haben.

Ich freue mich schon auf den Sommer, wenn wir wie jedes Jahr Urlaub in der Türkei machen und meine Großeltern besuchen. Sie sind schon ganz gespannt auf unser jüngstes Familienmitglied.

a)

	richtig	falsch
• Süleyman ist in der Türkei geboren.	☐	☒
• Er arbeitet in einer Bank.	☒	☐
• Süleyman hat eine Schwester.	☒	☐
• Er hat eine kleine Tochter.	☒	☐
• Seine Großeltern kommen bald zu Besuch.	☐	☒

b) Süleyman lebt …
- ☐ im Zentrum von Köln.
- ☒ in einem Vorort von Köln.
- ☐ in einem türkischen Dorf.

Seine Eltern kamen nach Deutschland, um …
- ☐ Urlaub zu machen.
- ☒ zu arbeiten.
- ☐ die Großeltern zu besuchen.

In die Arbeit kommt Süleyman …
- ☐ zu Fuß.
- ☐ mit dem Auto.
- ☒ mit Bahn und Bus.

Seine Frau arbeitet nicht, weil …
- ☐ sie keinen Job findet.
- ☐ die Familie genug Geld hat.
- ☒ ihre Tochter noch klein ist.

c) Süleyman muss täglich pendeln. Das bedeutet, dass er jeden Morgen einen weiten Weg von seinem Wohnort in die Arbeit hat und abends wieder zurückfahren muss.

41 *Hörtext (Track 7):*

Grüß Gott! Mein Name ist Georg, aber eigentlich sagen alle Schorsch zu mir. Das ist hier so üblich. Ich komme aus Bayern, genauer gesagt aus Unterfranken, aus der Nähe von Würzburg.

Ich lebe in einem kleinen Dorf am Main, das vor allem für seinen guten Wein bekannt ist. Auch ich stamme aus einer Winzerfamilie. Das heißt, wir produzieren und verkaufen Wein. Schon mein Großvater besaß einen kleinen Weinberg und eine eigene Kellerei, in der aus den Trauben Wein gemacht wird. Mein Vater und ich haben nach und nach weitere Weinberge dazugekauft und den Betrieb modernisiert. Heute sind wir so weit, dass wir unseren Wein sogar ins Ausland verkaufen.

Einmal im Jahr gibt es hier im Dorf ein großes Weinfest. Dann kommen die Leute von weit her gereist, machen bei uns Urlaub und genießen die fränkische Gastfreundschaft. Nur meine Familie und ich, wir können nicht richtig mitfeiern, denn wir müssen während des Festes arbeiten und die Gäste bewirten. Aber Spaß macht es trotzdem!

a)

	richtig	falsch
• Georgs Spitzname ist Schorsch.	☒	☐
• Er kommt aus der Nähe von Würzburg.	☒	☐
• Er lebt in einem Ort am Rhein.	☐	☒
• Georg hat einen kleinen Weinberg.	☐	☒
• Zum Weinfest kommen viele Gäste.	☒	☐

b) Georg lebt in …

☐ einer großen Stadt.
☒ einem kleinen Dorf.
☐ den Bergen.

Die Kellerei, die Georg betreibt, hat …

☒ sein Großvater gegründet.
☐ sein Vater gegründet.
☐ er selbst gegründet.

Georg verkauft seinen Wein …

☐ nur in Bayern.
☐ in ganz Deutschland.
☒ auch im Ausland.

Auf dem Weinfest …

☒ muss Georgs Familie arbeiten.
☐ macht Georgs Familie Urlaub.
☐ kann Georgs Familie mitfeiern.

42 *Vergleiche deine Lösung mit den Lösungen deiner Mitschüler.*

43 a) *Vergleiche deine Lösung mit den Lösungen deiner Mitschüler.*

b) Der Europäische Tag der Sprachen wird jedes Jahr am 26. September von der Europäischen Union gefeiert. Mit diesem Aktionstag will man die Mehrsprachigkeit fördern und zur Wertschätzung aller Sprachen und Kulturen Europas beitragen.

44 *individuelle Lösungen*

45 a) Deutschland

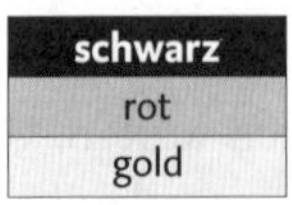

b) Schweden

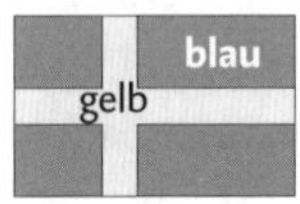

c) Irland

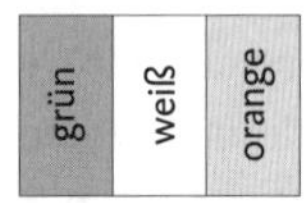

d) Estland

e) Tschechien

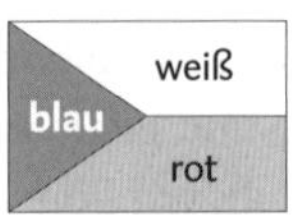

f) Rumänien

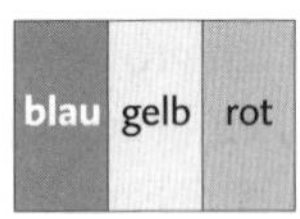

g) Polen

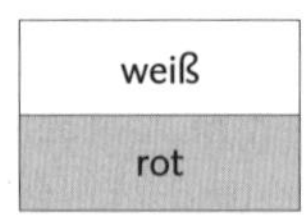

h) Heimatland

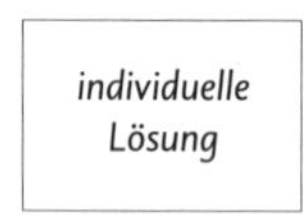

46 a)

winzig	klein	groß	riesig	
	toll	gut	schlecht	schrecklich
ängstlich	vorsichtig	mutig	waghalsig	
	heiß	warm	kalt	eisig
uralt	alt	neu	topaktuell	

b) Die Schuhe von Alexej sind riesig.
Unser Schulausflug war toll!
Meine Katze ist ängstlich.
Der Tee ist sehr heiß.
Lauras Handy ist topaktuell.

47 a) Wie heißt das auf Deutsch?
b) Kannst du das bitte wiederholen?
c) Ich verstehe das nicht.
d) Das habe ich nicht verstanden.
e) Zeig mal, wie das geht!
f) Wie sagt man das auf Deutsch?
g) Kannst du das noch einmal sagen?
h) Wiederholen Sie das bitte noch einmal.

48 *Hörtext (Track 8):*

Hallo, mein Name ist Kate. Ich komme aus **Australien** und habe euch von dort einen Bumerang mitgebracht. Bumerangs sind Wurfhölzer, es gibt sie in verschiedenen Größen und **Formen**. Der Bumerang, den ich euch hier zeige, hat die traditionelle Form. Das gebogene Stück **Holz** sieht aus wie ein L mit ungefähr gleich langen **Armen**.

Wird der Bumerang richtig geworfen, **fliegt** er in einem Bogen **zurück** zu seinem Werfer. Vielleicht habt ihr das schon einmal im Fernsehen oder bei Sportveranstaltungen gesehen? Die Ureinwohner von **Australien** – man nennt sie auch Aborigines – sind berühmt für ihren geschickten Umgang mit dem Bumerang.

Früher baute man viel größere und schwerere Bumerangs. Man setzte sie als Jagdwaffen ein. Vor allem **Vögel** wurden damit erlegt. Moderne Bumerangs sind **kleiner** und unterschiedlich geformt. Sie werden als Sport- und Spielgeräte verwendet.

Auf dem **Sportplatz** dürft ihr den Bumerang später selbst einmal werfen.

49 *Hörtext (Track 9):*

Hallo! Ich bin Tatjana aus Russland. Ich komme aus Sankt Petersburg und möchte euch etwas zeigen, das typisch für meine Heimat ist. Auf der ganzen Welt kennt man unsere Matrjoschka.

Matrjoschkas sind Puppen aus Holz, die innen hohl sind, sodass man sie ineinanderstecken kann. Das heißt, wenn man eine große Puppe öffnet, findet man darin eine kleinere Puppe. In dieser steckt eine weitere Puppe, in der eine noch kleinere Puppe versteckt ist, und so weiter und so fort.

Die Idee dazu hatten unsere Vorfahren von den Japanern, die ähnliche Puppen herstellten.

Matrjoschkas werden aus Linden- oder Birkenholz hergestellt und bunt bemalt.

Unsere Matrjoschka wird in Deutschland oft als Babuschka bezeichnet. Aber Vorsicht: Das ist falsch. Babuschka heißt Großmutter und hat mit den Puppen nichts zu tun.

Jetzt dürft ihr die Matrjoschka, die ich mitgebracht habe, selbst einmal zerlegen und wieder zusammensetzen.

a) Tatjanas Heimatstadt heißt …
- ☐ Moskau.
- ☐ Russland.
- ☒ Sankt Petersburg.

b) Matrjoschkas sind …
- ☐ Wachsfiguren.
- ☒ Holzpuppen.
- ☐ Marionetten.

c) Matrjoschkas kennt man …
- ☒ auf der ganzen Welt.
- ☐ nur in Russland.
- ☐ nicht in Deutschland.

d) Matrjoschkas kann man ineinanderstecken, …
- ☒ weil sie hohl sind.
- ☐ weil sie weich sind.
- ☐ weil sie klein sind.

e) Die Idee dafür stammt aus …
- ☐ China.
- ☒ Japan.
- ☐ Deutschland.

f) Matrjoschkas sind …
- ☐ gleich groß.
- ☐ aus Papier.
- ☒ bunt bemalt.

g) Großmutter heißt auf Russisch …
- ☐ Tatjana.
- ☒ Babuschka.
- ☐ Matrjoschka.

50 *individuelle Lösungen*

52 (6) Marta stürzt auf das Eis und verletzt sich.
(4) Die Schüler ziehen sich Schlittschuhe an.
(2) Aylin kommt am Treffpunkt an.
(1) Herr Weber überprüft, ob alle Schüler anwesend sind.
(3) Die Klasse fährt zur Eishalle.
(5) Karem und Andrej erschrecken Marta.

		richtig	falsch
53	• Die Klasse trifft sich um halb acht in der Aula.	☐	☒
	• Aylin kommt eine Viertelstunde zu spät.	☒	☐
	• Die Klasse ist um Viertel nach neun in der Eishalle.	☒	☐
	• Das Anziehen der Schuhe dauert eine halbe Stunde.	☐	☒

54 a) Herr Weber sammelt das Geld für den Schulausflug ein und erklärt den Schülern, wie sie sich in der Eishalle verhalten müssen.
b) Nein, Kerem und Andrej haben ihre eigenen Schlittschuhe dabei.
c) Nein, auf der Eisbahn ist noch eine andere Schulklasse.
d) Nami hält sich an der Bande fest, weil sie zum ersten Mal auf Schlittschuhen steht.
e) Kerem und Andrej rasen auf Marta zu und rufen ihr etwas zu. Daraufhin erschrickt Marta und stürzt auf das Eis.
f) Marta hat sich am Fußknöchel verletzt.
g) Herr Weber kommt Marta sofort zu Hilfe und will sie ins Krankenhaus fahren.

Test

1 *Mögliche Personen:*
- Rektor/-in
- Sekretär/-in
- Hausmeister
- Stellvertretende/-r Schulleiter/-in
- Klassenlehrer/-in
- Sportlehrer/-in

2

7:15	Es ist Viertel nach sieben.	11:30	Es ist halb zwölf.
14:45	Es ist Viertel vor drei.	17:15	Es ist Viertel nach fünf.
20:30	Es ist halb neun.	21:50	Es ist zehn vor zehn.

3

15. 3.	der fünfzehnte März	12. 7.	der zwölfte Juli
6. 4.	der sechste April	1. 9.	der erste September
20. 5.	der zwanzigste Mai	3. 12.	der dritte Dezember

4
a) Die Sonne ist **gelb**.
b) Der Himmel ist **blau**.
c) Die Pflanze ist **grün**.
d) Die Kirsche ist **rot**.
e) Die Maus ist **grau**.
f) Die Schokolade ist **braun**.
g) Die Apfelsine ist **orange**.
h) Das Blatt Papier ist **weiß**.

5 *individuelle Lösungen*

6

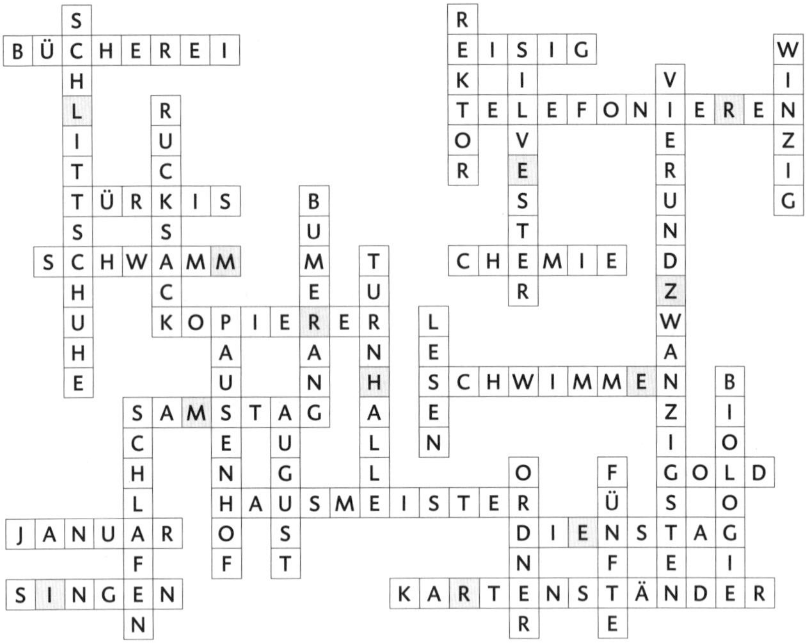

Lösungswort: **LEHRERZIMMER**

Bewertungsbogen

In der Tabelle ist noch einmal zusammengefasst, was in der Unterrichtseinheit „Lernen" trainiert wurde. Hier kannst du überprüfen, welche Fortschritte du in der deutschen Sprache schon gemacht hast. Außerdem siehst du, wo du vielleicht noch etwas wiederholen musst.

	☺	😐	☹
Ich kenne mich in meiner Schule gut aus.	☐	☐	☐
Ich kenne alle Gegenstände, die ich zum Arbeiten brauche.	☐	☐	☐
Ich kann fragen, wenn ich etwas brauche oder nicht verstehe.	☐	☐	☐
Ich kann die Uhrzeit und das Datum nennen.	☐	☐	☐
Ich kann mich über meinen Stundenplan unterhalten.	☐	☐	☐
Ich kann sagen, was ich in der Schule und in der Freizeit mache.	☐	☐	☐
Ich kann sagen, wie etwas ist, und Dinge genauer beschreiben.	☐	☐	☐

Meine Lieblingswörter und Ausdrücke in diesem Arbeitsheft sind:

Diese Lieblingswörter habe ich außerhalb der Schule gelernt:

Hier unterhalte ich mich auch außerhalb der Schule auf Deutsch:

Wenn ich auf der Straße Deutsch höre, dann verstehe ich:

☐ alles ☐ sehr viel ☐ wenig ☐ sehr wenig ☐ nichts

Lösungsheft zum Arbeitsheft 1055403
Deutsch als Zweitsprache
Lernfeld 2 „Lernen“
Grundkurs
(Best.-Nr. 1055404)

Bearbeite nun die Aufgaben.

a Richtig oder falsch? Kreuze an.

	richtig	falsch
• Das Büro des Rektors ist neben dem Sekretariat.	☐	☐
• Das Büro des Hausmeisters ist im Obergeschoss.	☐	☐
• Der Pausenverkauf ist neben dem Haupteingang.	☐	☐
• Alle Klassenzimmer sind im Obergeschoss.	☐	☐
• Die Schulbücherei ist über der Aula.	☐	☐
• Der Medienraum ist neben dem Lehrerzimmer.	☐	☐
• In der Turnhalle gibt es vier Umkleideräume.	☐	☐
• Der Sportplatz ist hinter dem Pausenhof.	☐	☐

b Stelle die falschen Aussagen richtig.

- *Nein, das Büro des Hausmeisters ist nicht im Obergeschoss. Es ist im Erdgeschoss.*
- ______________________________
- ______________________________
- ______________________________

c Beantworte die Fragen in ganzen Sätzen.

- Wie viele Klassenzimmer sind im Schulhaus?

  ____
- In welchem Stockwerk ist der Musikraum?

  ____
- Wie viele Fachräume für Physik und Chemie gibt es?

  ____
- Wo ist die Cafeteria der Schule?

  ____
- In welchem Stockwerk ist das Büro der Schülermitverantwortung (SMV)?

  ____

d Überlegt euch weitere Fragen.
Stellt sie euch gegenseitig und antwortet.
Beispiel: *Wo steht der Kopierer? – Der Kopierer steht neben dem Lehrerzimmer.*

3 Fülle den Steckbrief für deine Schule aus.
Wenn du die Antworten nicht weißt, suche auch auf der Homepage deiner Schule.

Meine Schule

Male oder klebe ein Bild deiner Schule ein.

1. Wie lauten die Kontaktdaten deiner Schule?

   Name der Schule: ______________________

   Schulanschrift: ______________________

   Telefonnummer: ______________________

   Internetadresse: ______________________

2. Wie heißt der Schulleiter / die Schulleiterin deiner Schule?

   ____

3. Wer arbeitet im Sekretariat der Schule?

   ____

4. Wie heißt euer Hausmeister?

   ____

5. Wer ist dein Klassenlehrer / deine Klassenlehrerin?

   ____

6. Wie viele Klassen gibt es an deiner Schule?

   ____

7. Wie viele Schüler gehen in deine Schule?

   gesamt: __________ Jungen: __________ Mädchen: __________

4 Schulhausralley:

Lauft in Zweiergruppen durch das Schulhaus. Aber leise! Andere Klassen haben Unterricht.

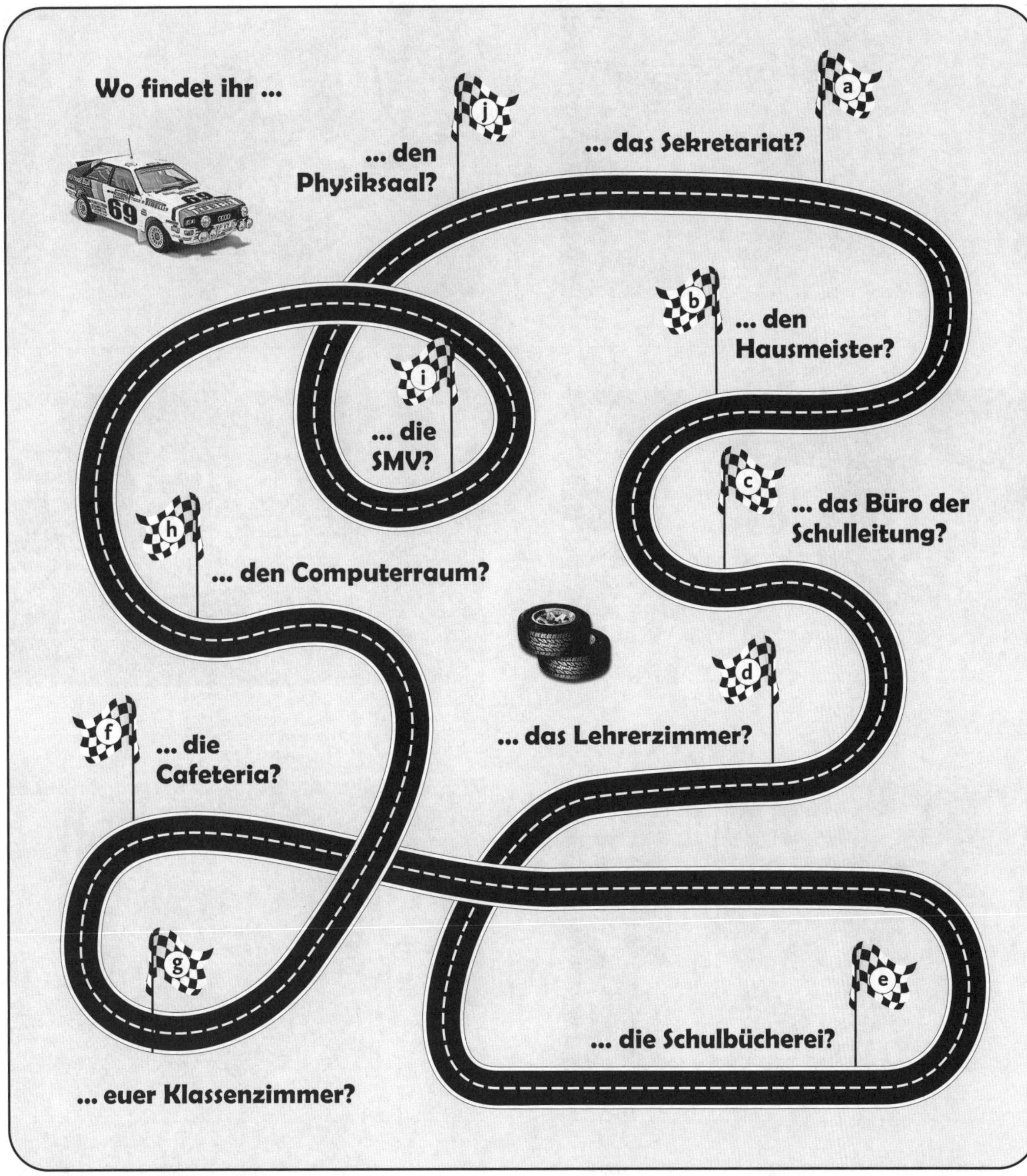

Notiert jeweils die Zimmernummer und das Stockwerk. Vergleicht dann mit den anderen Gruppen.

	Zimmernummer / Stockwerk		Zimmernummer / Stockwerk
a		b	
c		d	
e		f	
g		h	
i		j	

5 Hör genau zu (Track 1) und bringe die Bilder in die richtige Reihenfolge.
Notiere darunter, um welchen Ort in der Schule es sich jeweils handelt.

6 Wer macht was wo?

a Verbinde richtig.

im Lehrerzimmer	Lehrer führen Experimente durch
im Physiksaal	Schüler spielen in der Pause
auf dem Pausenhof	Schüler arbeiten am PC
in der Schulbücherei	Lehrer machen Pause
im Computerraum	Schüler kaufen ihr Pausenbrot
in der Schulkantine	Schüler lesen und lernen in Ruhe
am Kiosk	Lehrer unterrichten Deutsch
im Werkraum	Schüler essen zu Mittag
im Klassenzimmer	Schüler basteln, werken und malen

b Bilde daraus vollständige Sätze.

Im Lehrerzimmer machen die Lehrer Pause.

7 Annas Sätze sind durcheinandergeraten.
Setze sie wieder richtig zusammen.

a IM | SPORTUNTERRICHT | AM | LIEBSTEN | ICH | AUF | DEM | SPORTPLATZ. | SPIELE | HANDBALL

b WIR | IN | DER | TURNHALLE | SPORT. | MACHEN | IM | WINTER | ABER | NUR

c SCHÖNEM | WETTER | SIND | BEI | IN | DER | PAUSE | WIR | DRAUßEN | AUF | DEM | SCHULHOF.

d VERBRINGEN | WIR | DIE | PAUSE | DRINNEN | BEI | REGEN | IN | DER | PAUSENHALLE.

e KAUFE | IN | DER | PAUSE | MIR | MEISTENS | ETWAS | ZU | ESSEN. | AM | SCHULKIOSK | ICH

f WENN | AM | NACHMITTAG | WIR | UNTERRICHT | HABEN, | ICH | IN | DER | SCHULKANTINE. | ESSE | MITTAGS

8 Hör genau zu (Track 2).
Ergänze die Lücken im Text.

a

Die ______________ ist die ______________ der Schule. Ihr Büro ist meist neben dem ______________. Sie organisiert den gesamten Schulbetrieb. Vor der ______________ haben alle Respekt. Wenn ein Schüler den ______________ stört, muss er in ihr Büro kommen.

b

Der ______________ kümmert sich um die Ordnung in der Schule. Er sorgt dafür, dass es im ______________ und auf dem ______________ sauber ist und alles richtig läuft. Manchmal hilft er auch im ______________ beim ______________ ______________ mit.

c

Die ______________ unterrichtet die Mädchen in Sport. Sie spielt mit den Schülerinnen in der ______________ Volleyball. Auf dem ______________ trainiert sie mit ihnen Leichtathletik. Die ______________ ist sehr beliebt, weil Sport für viele das ______________ ist.

d

Die ______________ arbeitet meist am Computer. Sie erledigt viele Aufgaben für die ______________. Aber auch Lehrer und Schüler kommen zu ihr ins ______________. Wenn ein Schüler krank ist, stellt die ______________ eine Bescheinigung aus und befreit ihn vom ______________.

e

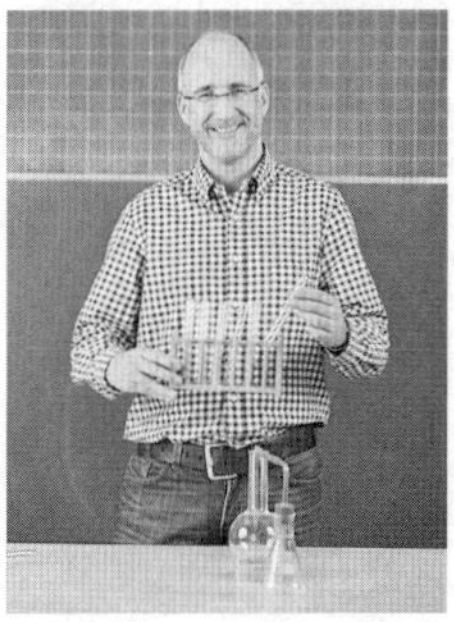

Der ______________ erklärt den Schülern die Eigenschaften von chemischen Stoffen. Im ______________ führt er mit ihnen chemische ______________ durch. Der ______________ ist spannend, aber nicht ungefährlich. Deshalb muss der ______________ sehr vorsichtig sein.

9 Vergleiche deine Schule in Deutschland mit der Schule in deinem Heimatland.
Was ist anders? Was ist gleich?
Ergänze das Cluster.

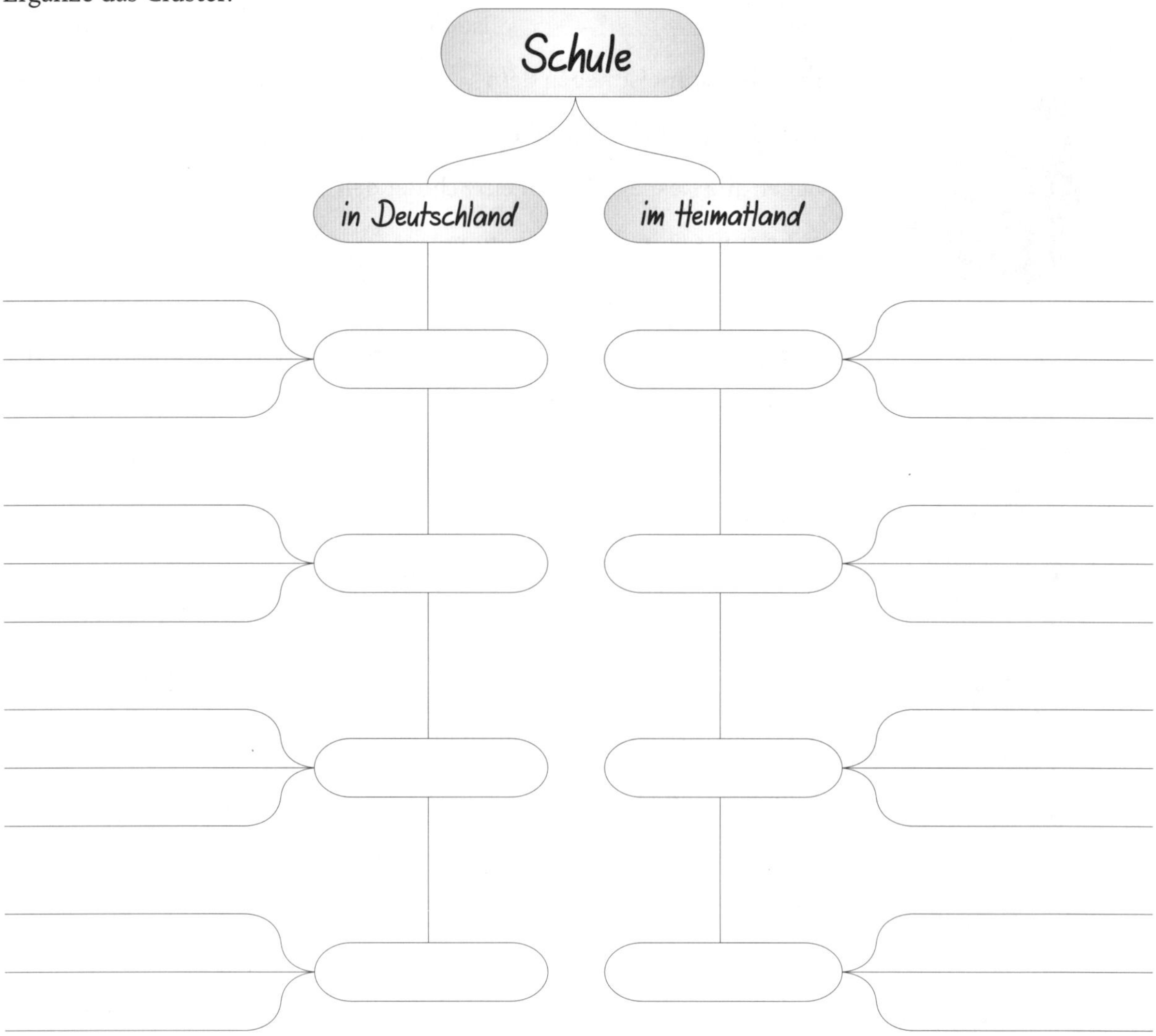

10 Erzähle von der Schule in deinem Heimatland.

Mein Name ist ____________________, ich komme aus ____________________.
In meinem Heimatland bin ich in die Klasse ______ der ____________________-Schule
gegangen. Wir waren ______ Schüler in der Klasse. Unser Klassenlehrer/Unsere Klassen-
lehrerin hieß ____________________. Ich fand ihn/sie ____________________.
Mein Lieblingsfach war ____________________. Aber auch ____________________ und
____________________ haben mir gefallen. Den Unterricht im Fach ____________________
mochte ich nicht. In der Schule in Deutschland vermisse ich ____________________.
Aber ____________________ finde ich hier besser.

11 Kopiere das Domino und schneide es aus.
Welchen Buchstaben erkennst du, wenn du das Domino richtig gelegt hast?

Start		Klebstoff		Schnell-hefter	
	Rucksack		Tacker		Text-marker
Overhead-projektor		Computer-maus		Sport-tasche	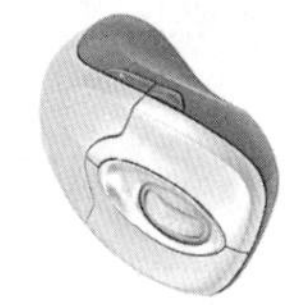
	Pinnwand		Feder-mäppchen		Hausauf-gabenheft
	Tastatur	Büro-klammer		Füller	
Schul-ranzen		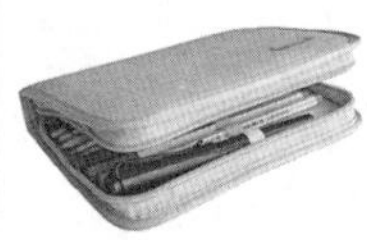	Globus		Kreide
	Buntstifte	Zirkel		Ordner	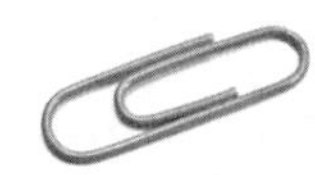
	Bildschirm		Wörter-buch	Spitzer	**Ende**

12 Schreibgeräte gesucht!

a Welche Stifte sind im Schlampermäppchen? Notiere sie mit Artikel.

- ______________________ • ______________________
- ______________________ • ______________________
- ______________________ • ______________________

b Notiere weitere Dinge, mit denen man schreiben, zeichnen oder malen kann. Wer findet in zwei Minuten am meisten?

Füller, ______________________

____

____

13 Hör genau zu (Track 3).
Welche Gegenstände werden beschrieben?

a ______________________ b ______________________

c ______________________ d ______________________

14 Setze die Wörter zusammen und ordne sie zu.

der	die	das

15 Welche Gegenstände fehlen?

a Ergänze die Dialoge.

- Ich habe keinen ______________________________.
- Hier bitte, nimm meinen ______________________________!

- Ich brauche eine ______________________________.
- Da, du kannst meine ______________________________ haben.

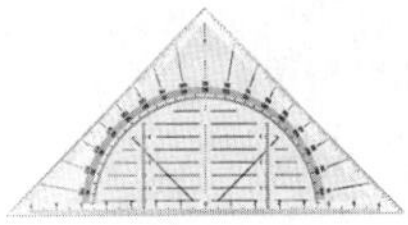

- Ich habe kein ______________________________.
- ______________________________

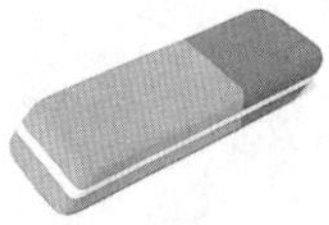

- ______________________________
- ______________________________

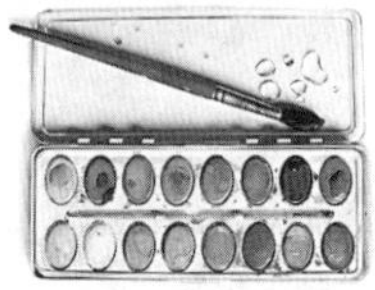

- ______________________________
- ______________________________

- ______________________________
- ______________________________

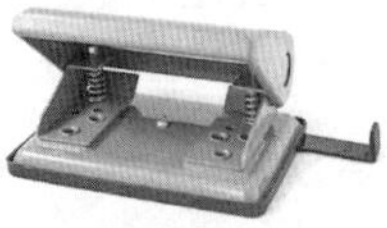

- ______________________________
- ______________________________

- ______________________________
- ______________________________

- ______________________________
- ______________________________

b Übe mit deinem Nachbarn.
Fragt nach Gegenständen und reicht euch diese.

Ich habe kein Mathematikbuch.

Hier bitte, nimm mein …

Ich brauche einen Bleistift.

Da, du kannst meinen … haben.

16 Was machst du in der Schule?

a Nummeriere jeweils mit derselben Zahl, was zusammengehört.

(1) Schwamm
(2) Taschenrechner
(3) Pinsel
(4) Englischbuch
(5) Kartenständer
(6) Ordner
(7) Hausaufgabenheft
(8) Geodreieck

Bild
Winkel
Vokabeln
Hausaufgaben
(1) Tafel
Zahlen
Landkarte
Arbeitsblätter

messen
aufschreiben
(1) wischen
einheften
eintippen
lernen
malen
aufhängen

b Bilde daraus vollständige Sätze.

(1) *Ich wische die Tafel mit dem Schwamm.*

(2) ____________________

(3) ____________________

(4) ____________________

(5) ____________________

(6) ____________________

(7) ____________________

(8) ____________________

17 In welchen Schulfächern macht man das?
Notiere.

a ____________________: rechnen – zählen – addieren – multiplizieren – runden

b ____________________: turnen – schwimmen – laufen – springen – aufwärmen

c ____________________: malen – zeichnen – basteln – formen – gestalten

d ____________________: singen – musizieren – tanzen – vorspielen – geigen

e ____________________: lesen – schreiben – erzählen – vortragen – dichten

f ____________________: beobachten – experimentieren – messen – forschen – untersuchen

18 Was machen die Jungen und Mädchen?
Ergänze die Sätze.

Mesut hört Musik.

Karina ______

Laura ______

Mischa ______

Maria, Hina, Chim und Leo ______

______

Caroline ______

______

19 Was machen deine Mitschüler?
Stellt euch gegenseitig Fragen und antwortet.

Beispiele: *Was machst du? – Ich male ein Bild.*
Was macht ihr? – Wir wischen die Tafel.
Was macht Lukas? – Lukas lernt Vokabeln.

20 Was machst du damit?
Unterstreiche jeweils die drei richtigen Wörter und streiche die drei falschen durch.

a Fußball: ~~schwimmen~~ – <u>spielen</u> – trainieren – schauen – schreiben – trinken

b Freunde: treffen – besuchen – lesen – einladen – wischen – rechnen

c Computer: wandern – malen – hochfahren – speichern – spielen – singen

d Handy: telefonieren – schlafen – tanzen – fotografieren – gehen – anrufen

e Pizza: essen – schwätzen – backen – zubereiten – lernen – runden

21 Wer macht was?

a Verbinde richtig.

Ich	schläft	am liebsten Spaghetti.
Du	esse	im Unterricht nicht gut zu.
Er	trinkst	gemeinsam ein Lied.
Wir	hört	am Wochenende sehr lange.
Ihr	singen	viel zu viel Cola.

b Notiere die Sätze.

____

____

____

____

____

22 Ergänze den Lückentext.

Freistunde! Aber Emel ist fleißig, sie ____________ die Tafel. Andrej hat schon wieder seine Hausaufgaben vergessen, er ____________ sie schnell von Serkan ab. Marina ____________ Vokabeln für den Englischtest morgen. Ayse ____________ mit ihrem MP3-Player Musik. Lucia ____________ ihr Pausenbrot. Carlos ____________ einen Witz. Nur Kerem ist müde, er ____________ auf dem Tisch, weil er abends immer zu lange im Internet ____________.

23 Welche Wochentage sind gesucht?
Notiere sie.

a 

b 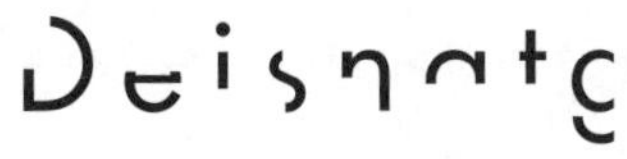

c 

d 

e 

f 

24 Hier verstecken sich waagerecht und senkrecht die Wochentage und Monate.
Finde sie und schreibe sie in der richtigen Reihenfolge in die Tabelle.

T	D	I	E	N	S	T	A	G	T	N	M	S	U	A	P	W	Ü	R	F	E	B	R	U	A	R	F
E	R	Ä	T	Z	U	I	M	N	I	H	Q	V	A	Y	Ö	S	T	U	R	P	H	T	Q	W	U	I
R	S	A	M	S	T	A	G	Z	J	U	N	I	W	S	L	F	X	O	E	T	O	J	A	S	J	P
D	E	M	U	B	E	J	U	L	A	C	A	N	S	D	I	K	G	H	I	S	K	U	Y	X	M	O
W	P	Ö	N	Ä	V	S	O	N	N	T	A	G	D	C	K	F	M	C	T	Y	B	L	E	T	I	D
B	T	U	M	R	M	K	R	Z	U	W	T	N	R	V	U	E	I	H	A	G	E	I	D	G	K	L
N	E	T	J	D	Q	Ö	F	T	A	R	H	O	F	M	O	N	T	A	G	H	T	C	V	B	O	K
M	M	R	K	E	Y	W	Z	E	R	U	J	K	G	A	Z	G	T	S	X	J	Z	H	R	Z	L	M
K	B	W	R	Z	V	R	B	H	U	Ö	X	T	Z	I	T	H	W	G	T	Z	Y	J	A	H	P	N
O	E	J	E	E	L	S	K	A	I	J	K	O	H	B	R	J	O	B	Ü	Y	N	U	P	N	Ö	B
P	R	Ü	S	M	F	B	N	O	V	E	M	B	E	R	D	O	C	U	J	N	M	Ä	R	Z	A	V
W	T	B	N	B	G	K	L	N	K	Z	F	E	U	K	X	K	H	I	T	K	L	O	I	U	Ü	F
D	O	N	N	E	R	S	T	A	G	T	G	R	I	O	Y	Ä	B	G	D	P	Ö	K	L	J	Y	E
A	W	Q	Ü	R	H	L	Ä	M	R	E	U	X	A	U	G	U	S	T	P	I	W	R	K	M	Ä	D

Wochentage	Monate	
1.	1.	7.
2.	2.	8.
3.	3.	9.
4.	4.	10.
5.	5.	11.
6.	6.	12.
7.		

25 Welche Plätze wurden erreicht?
Ergänze.

1. der erste Platz
2.
3. der dritte Platz
5.
11.
17.
20.
41.
54. der vierundfünfzigste Platz
106.

Tipp

Wenn hinter einer Zahl ein Punkt steht, dann gibt sie die Rangfolge an. Man nennt sie **Ordnungszahl** oder **Ordinalzahl**. Um sie zu lesen, hängst du an die Zahlen bis 19 die Endung **-te** an, bei Zahlen ab 20 die Endung **-ste**. Nur 1. und 3. musst du dir merken. ■

26 Bringt Ordnung in eure Klasse!

a Stellt euch in einer beliebigen Reihe auf und zählt ab.

b Sortiert euch alphabetisch nach euren Vornamen oder Nachnamen und sprecht nochmals.

27 Wann sind diese besonderen Tage?
Wenn du es nicht weißt, suche im Internet.

a Silvester ist am einunddreißigsten Dezember.

b Der Tag der deutschen Einheit ist am ______

c Nikolaus ist am ______

d Valentinstag ist am ______

e Der Tag der Arbeit ist am ______

28 Wann sind Schulferien?

Sommerferien	Weihnachtsferien	Osterferien
26. 7. – 8. 9.	23. 12. – 7. 1.	28. 3. – 8. 4.

a Die Sommerferien dauern vom sechsundzwanzigsten Siebten bis zum achten Neunten.

b Die Weihnachtsferien dauern vom ______

c Die Osterferien dauern vom ______

29 Ergänze die Zeitangaben.

Es ist …

a

zwei Uhr.

b

______

c

______

d

Viertel vor sieben.

e

______

f

______

30 Hör genau zu (Track 4).

Wie spät ist es? Unterstreiche jeweils die richtige Zeit.

a	1:15	12:45	13:15	13:45
b	10:35	10:45	11:30	11:35
c	0:32	12:23	12:32	13:23
d	10:40	15:20	15:40	16:30

31 Seht euch den Fahrplan an.

Stellt euch gegenseitig Fragen und antwortet.

	von	nach	Abfahrt	Ankunft
Regional-Express (RE)	Köln Hbf	Düsseldorf Hbf	15:31	16:01
Intercity (IC)	Köln Hbf	Frankfurt (Main) Hbf	17:53	20:13
Intercity-Express (ICE)	Köln Hbf	Berlin Hbf	18:48	23:14

Beispiele: *Wann fährt der RE in Köln ab? – Der RE fährt um … ab.*
Wann kommt der IC in Frankfurt an? – Der IC kommt um … an.
Wie lange dauert die Fahrt im ICE von Köln nach Berlin? – Die Fahrt dauert …

32 Uhrzeitbingo!

- Zeichne die Uhrzeiten in beliebiger Reihenfolge auf den Zifferblättern ein.

1:00 – 13:00	2:45 – 14:45	3:30 – 15:30	4:15 – 16:15
5:30 – 17:30	5:45 – 17:45	6:00 – 18:00	6:15 – 18:15
7:15 – 19:15	8:30 – 20:30	9:00 – 21:00	10:30 – 22:30
11:00 – 23:00	11:30 – 23:30	12:15 – 0:15	12:45 – 0:45

- Der Spielleiter nennt nacheinander jeweils eine der Uhrzeiten.
- Suche diese Uhrzeit auf deinem Blatt und lege einen Stein oder eine Münze darauf.
- Gewonnen hat, wer als Erster waagerecht, senkrecht oder diagonal vier Uhrzeiten markiert hat.

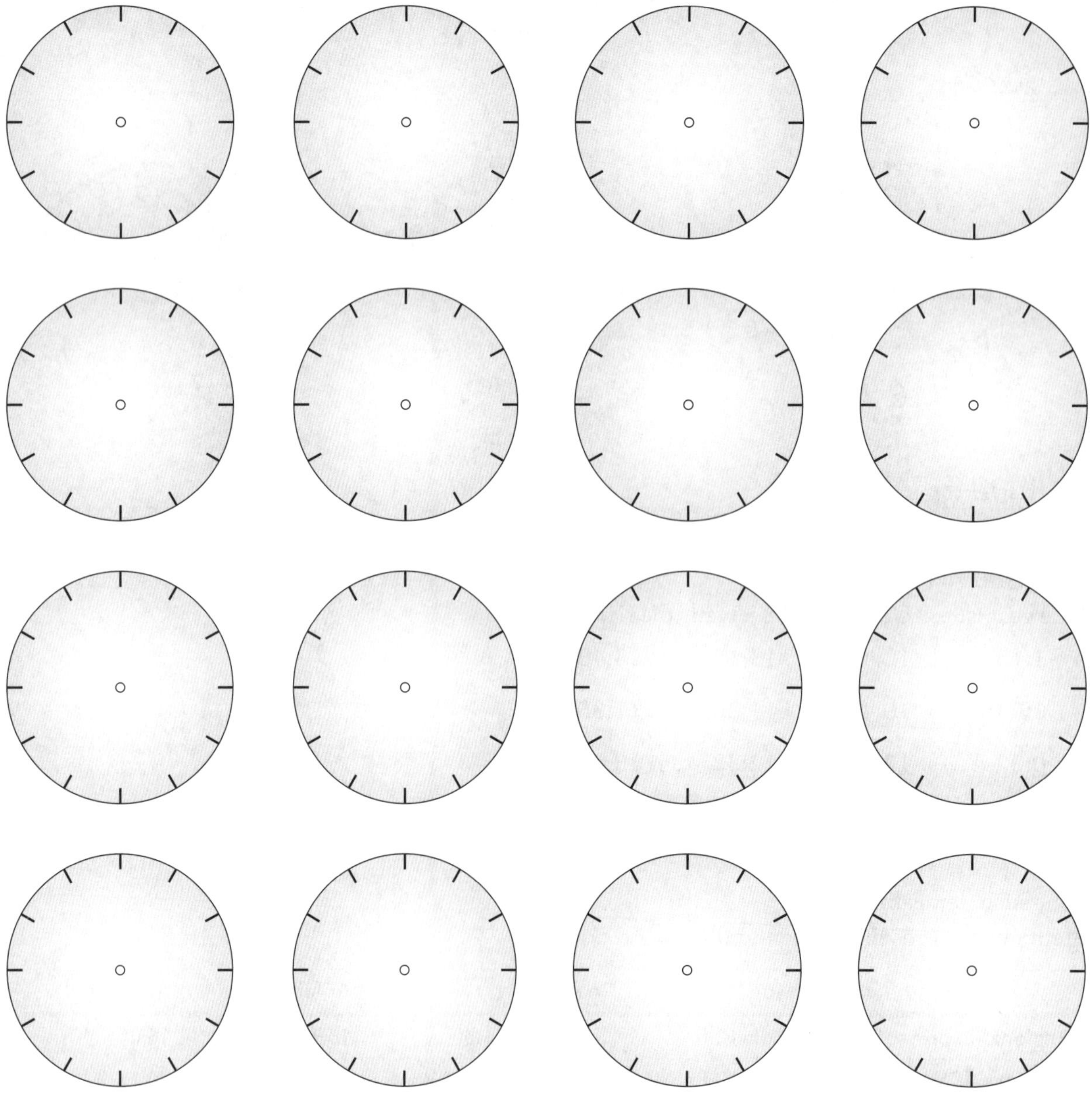

33 Wie spät ist es jetzt in deinem Heimatland? Notiere.

Uhrzeit in Deutschland: ______________________

Uhrzeit in ____________________________: ______________________

34 Erstelle einen Stundenplan für Vitali.

a Welche Schulfächer hat er?

Sport	(4)	Sportschuhe	Handtuch	Volleyball	Turnmatte
____	(1)	Mikroskop	Pflanzen	Skelett	Tiere
____	(4)	Lexikon	Vokabelheft	Workbook	Übersetzung
____	(5)	Addition	Brüche	Geometrie	Zirkel
____	(1)	Laborkittel	Schutzbrille	Reagenzglas	Versuch
____	(1)	Steinzeit	Quelle	Altertum	Vergangenheit
____	(1)	Globus	Maßstab	Atlas	Landkarte
____	(2)	Buntstifte	Malkasten	Kreide	Zeichenblock
____	(5)	Lesebuch	Duden	Aufsatz	Gedicht
____	(2)	Notenheft	Klavier	Lied	Notenständer
____	(2)	Bibel	Gott	Christentum	Glaube
____	(1)	Magnet	Energie	Batterie	Strom
____	(3)	Wirtschaft	Geld	Beruf	Ausbildung

b Ergänze Vitalis Stundenplan sinnvoll.
Die Anzahl der Stunden pro Woche findest du oben in Klammern.

	Montag			Donnerstag	
1					
2					
3					
4					
5					Sport
6					Sport
7			Sport		
8			Sport		

c Fülle die Lücken.

- Am (Mo) Montag hat Vitali in der (1.) ersten Stunde ____________.
- Am (Di) ____________ ist die (2.) ____________ Stunde ____________.
- Am (Mi) ____________ hat Vitali in der (3.) ____________ Stunde ____________.
- Am (Do) ____________ ist in der (4.) ____________ Stunde ____________.
- Am (Fr) ____________ sind die (5.) ____________ und (6.) ____________ Stunde ____________.

35 Betrachte nun deinen eigenen Stundenplan.
Wann hast du welches Fach? Notiere wie im Beispiel.

Beispiel: *Sport habe ich am Mittwoch in der dritten und vierten Stunde.*

a Sport: ____________________

b Kunst: ____________________

c Mathe: ____________________

____

d Deutsch: ____________________

____

e Englisch: ____________________

____

36 Übe mit deinem Partner.
Stellt euch Fragen zu eurem Stundenplan und antwortet.

37 Hör genau zu (Track 5).
Marco hat Freizeitstress!
Verbinde den Wochentag jeweils mit der richtigen Uhrzeit und dem passenden Termin.

- Montag
- Dienstag
- Mittwoch
- Donnerstag
- Freitag

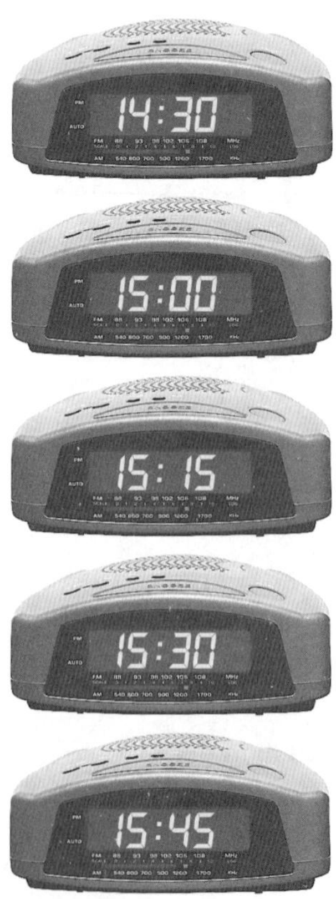

- Nachhilfe
- kleiner Bruder
- Handball
- Eisdiele
- Zahnarzt

38 Elena schreibt ihre Geheimnisse in ein Tagebuch. Dazu verwendet sie einen Nummern-Code.
Kannst du den Text entschlüsseln?
Schreibe ihn richtig auf.

1	2	3	4	5	6	7	8	9	10
A	B	C	D	E	F	G	H	I	J
11	12	13	14	15	16	17	18	19	20
K	L	M	N	O	P	Q	R	S	T
21	22	23	24	25	26	27	28	29	30
U	V	W	X	Y	Z	Ä	Ö	Ü	ß

12 9 5 2 5 19 20 1 7 5 2 21 3 8,
4 5 18 6 29 14 6 20 5 13 1 9 9 19 20 5 9 14 7 12 29 3 11 19 20 1 7!
8 5 21 20 5 11 1 13 5 9 14 14 5 21 5 18 19 3 8 29 12 5 18 9 14 4 9 5
11 12 1 19 19 5. 7 15 18 1 14 9 19 20 19 15 19 29 30! 9 3 8 8 1 2 5
13 9 3 8 9 14 4 5 18 5 18 19 20 5 14 19 5 11 21 14 4 5 9 14 9 8 14
22 5 18 12 9 5 2 20. 9 14 4 5 18 4 18 9 20 20 5 14 19 20 21 14 4 5
8 1 20 21 14 19 4 5 18 12 5 8 18 5 18 5 9 14 7 5 13 5 9 14 19 1 13 5 19
16 18 15 10 5 11 20 1 21 6 7 5 7 5 2 5 14. 23 9 18 20 18 5 6 6 5 14
21 14 19 7 12 5 9 3 8 1 13 13 9 20 20 23 15 3 8 21 13 8 1 12 2
22 9 5 18 2 5 9 13 9 18, 21 13 4 1 19 18 5 6 5 18 1 20
22 15 18 26 21 2 5 18 5 9 20 5 14.
9 3 8 2 9 14 19 15 7 12 29 3 11 12 9 3 8!

Liebes Tagebuch,

39 Zungenbrecher!

a Wie gut kannst du lesen?
Übe zuerst und lies den Zungenbrecher dann deinem Nachbarn dreimal nacheinander schnell vor.

AM ZEHNTEN ZEHNTEN UM ZEHN UHR ZEHN ZOGEN ZEHN ZAHME ZIEGEN ZEHN ZENTNER ZUCKER ZUM ZOO.

b Kennst du aus deiner Heimat ähnliche Zungenbrecher?
Schreibe einen Zungenbrecher in deiner Muttersprache auf und lies ihn deinen Mitschülern vor.

c Kannst du deinen Zungenbrecher ins Deutsche übersetzen?
Notiere.

40 Hör genau zu (Track 6).
Bearbeite dann die Aufgaben.

a Richtig oder falsch? Kreuze an.

	richtig	falsch
• Süleyman ist in der Türkei geboren.	☐	☐
• Er arbeitet in einer Bank.	☐	☐
• Süleyman hat eine Schwester.	☐	☐
• Er hat eine kleine Tochter.	☐	☐
• Seine Großeltern kommen bald zu Besuch.	☐	☐

b Kreuze jeweils die richtige Antwort an.

Süleyman lebt …
- ☐ im Zentrum von Köln.
- ☐ in einem Vorort von Köln.
- ☐ in einem türkischen Dorf.

Seine Eltern kamen nach Deutschland, um …
- ☐ Urlaub zu machen.
- ☐ zu arbeiten.
- ☐ die Großeltern zu besuchen.

In die Arbeit kommt Süleyman …
- ☐ zu Fuß.
- ☐ mit dem Auto.
- ☐ mit Bahn und Bus.

Seine Frau arbeitet nicht, weil …
- ☐ sie keinen Job findet.
- ☐ die Familie genug Geld hat.
- ☐ ihre Tochter noch klein ist.

c Was bedeutet „das tägliche Pendeln“? Erkläre.

____

____

41 Hör genau zu (Track 7).
Bearbeite dann die Aufgaben.

a Richtig oder falsch? Kreuze an.

	richtig	falsch
• Georgs Spitzname ist Schorsch.	☐	☐
• Er kommt aus der Nähe von Würzburg.	☐	☐
• Er lebt in einem Ort am Rhein.	☐	☐
• Georg hat einen kleinen Weinberg.	☐	☐
• Zum Weinfest kommen viele Gäste.	☐	☐

b Kreuze jeweils die richtige Antwort an.

Georg lebt in …
- ☐ einer großen Stadt.
- ☐ einem kleinen Dorf.
- ☐ den Bergen.

Die Kellerei, die Georg betreibt, hat …
- ☐ sein Großvater gegründet.
- ☐ sein Vater gegründet.
- ☐ er selbst gegründet.

Georg verkauft seinen Wein …
- ☐ nur in Bayern.
- ☐ in ganz Deutschland.
- ☐ auch im Ausland.

Auf dem Weinfest …
- ☐ muss Georgs Familie arbeiten.
- ☐ macht Georgs Familie Urlaub.
- ☐ kann Georgs Familie mitfeiern.

42 Male die Wörter in der richtigen Farbe aus.

ROSA GRAU GRÜN
VIOLETT ORANGE
SCHWARZ BRAUN

43 Das Bild zeigt das Logo des „Europäischen Tags der Sprachen".

a Male das Bild in diesen Farben aus:
(1) gelb (2) rot (3) türkis (4) blau

b Informiere dich im Internet über den „Europäischen Tag der Sprachen". Wann wird er gefeiert und von wem?

____

____

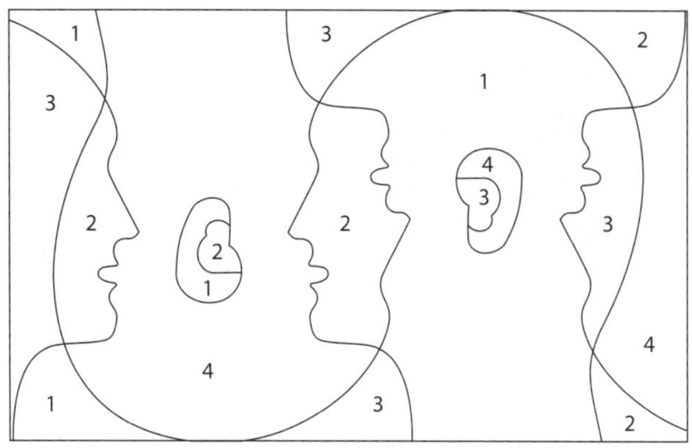

44 Ich sehe was, was du nicht siehst!

- Ein Spieler wählt einen Gegenstand im Klassenzimmer aus (z. B. die grüne Tafel).
- Er sagt: „Ich sehe was, was du nicht siehst, und das ist grün!"
- Die Mitspieler raten nun der Reihe nach: „Ist es die grüne Pflanze?"
- Wer den Gegenstand erraten hat, darf als Nächster einen Gegenstand auswählen.

45 Male die Flaggen der Länder richtig aus.
Welche Farben brauchst du? Wenn du es nicht weißt, suche im Internet.
Zeichne auch die Flagge deines Heimatlandes.

a Deutschland

schwarz, rot, gold

b Schweden

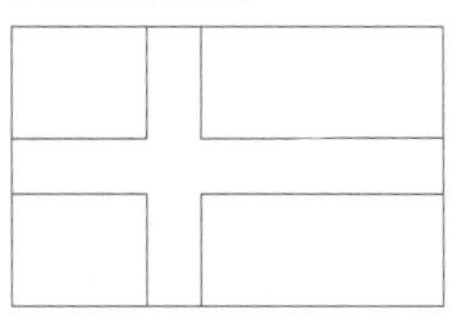

____

c Irland

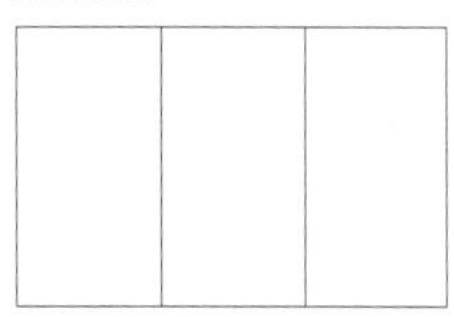

____

d Estland

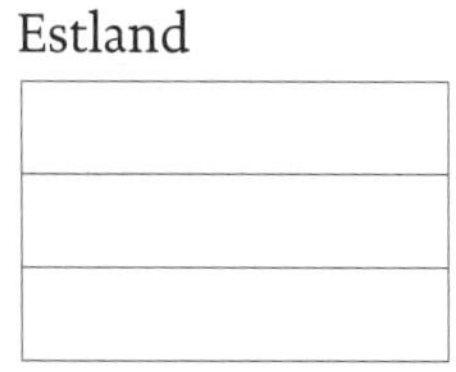

____

e Tschechien

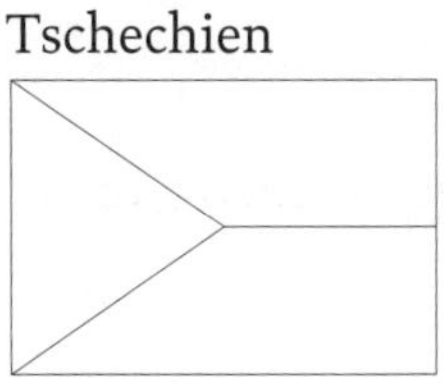

____

f Rumänien

____

g Polen

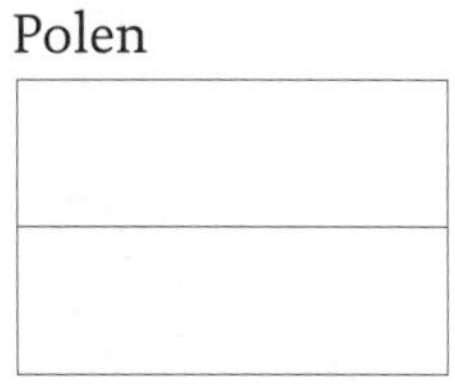

____

h dein Heimatland

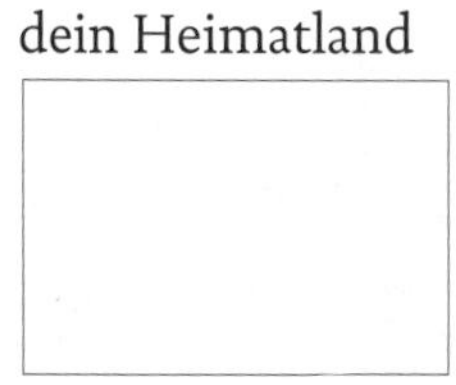

____

46 Mit Eigenschaftswörtern kannst du beschreiben, wie etwas oder jemand ist.

a Bringe die Wörter in eine sinnvolle Reihenfolge.

winzig				groß, winzig, riesig, klein
gut, schlecht, schrecklich, toll				
				vorsichtig, mutig, ängstlich, waghalsig
eisig, kalt, warm, heiß				
				neu, topaktuell, alt, uralt

b Wähle aus jedem Pfeil ein Wort aus und bilde einen vollständigen Beispielsatz.

Die Schuhe von Alexej sind riesig.

47 Was sagst du, wenn du etwas nicht verstanden hast?

a Wie heißt das auf Deutsch?

b Kannst du das bitte wiederholen?

c Ich verstehe das nicht.

d Das habe ich nicht verstanden.

e Zeig mal, wie das geht!

f Wie sagt man das auf Deutsch?

g Kannst du das noch einmal sagen?

h Wiederholen Sie das bitte noch einmal.

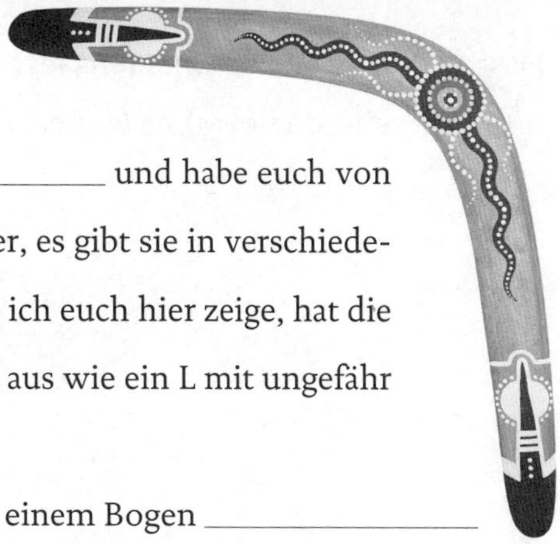

48 Hör genau zu (Track 8).
Ergänze dann den Lückentext.

Hallo, mein Name ist Kate. Ich komme aus ______________ und habe euch von dort einen Bumerang mitgebracht. Bumerangs sind Wurfhölzer, es gibt sie in verschiedenen Größen und ______________. Der Bumerang, den ich euch hier zeige, hat die traditionelle Form. Das gebogene Stück ______________ sieht aus wie ein L mit ungefähr gleich langen ______________.
Wird der Bumerang richtig geworfen, ______________ er in einem Bogen ______________ zu seinem Werfer. Vielleicht habt ihr das schon einmal im Fernsehen oder bei Sportveranstaltungen gesehen? Die Ureinwohner von ______________ – man nennt sie auch Aborigines – sind berühmt für ihren geschickten Umgang mit dem Bumerang.
Früher baute man viel größere und schwerere Bumerangs. Man setzte sie als Jagdwaffen ein. Vor allem ______________ wurden damit erlegt. Moderne Bumerangs sind ______________ und unterschiedlich geformt. Sie werden als Sport- und Spielgeräte verwendet.
Auf dem ______________ dürft ihr den Bumerang später selbst einmal werfen.

49 Hör genau zu (Track 9).
Kreuze jeweils die richtige Antwort an.

a Tatjanas Heimatstadt heißt …
- ☐ Moskau.
- ☐ Russland.
- ☐ Sankt Petersburg.

b Matrjoschkas sind …
- ☐ Wachsfiguren.
- ☐ Holzpuppen.
- ☐ Marionetten.

c Matrjoschkas kennt man …
- ☐ auf der ganzen Welt.
- ☐ nur in Russland.
- ☐ nicht in Deutschland.

d Matrjoschkas kann man ineinanderstecken, …
- ☐ weil sie hohl sind.
- ☐ weil sie weich sind.
- ☐ weil sie klein sind.

e Die Idee dafür stammt aus …
- ☐ China.
- ☐ Japan.
- ☐ Deutschland.

f Matrjoschkas sind …
- ☐ gleich groß.
- ☐ aus Papier.
- ☐ bunt bemalt.

g Großmutter heißt auf Russisch …
- ☐ Tatjana.
- ☐ Babuschka.
- ☐ Matrjoschka.

50 Hast auch du einen besonderen Gegenstand, der für deine Heimat typisch ist?

a Was weißt du über ihn? Notiere die Informationen in Stichpunkten.

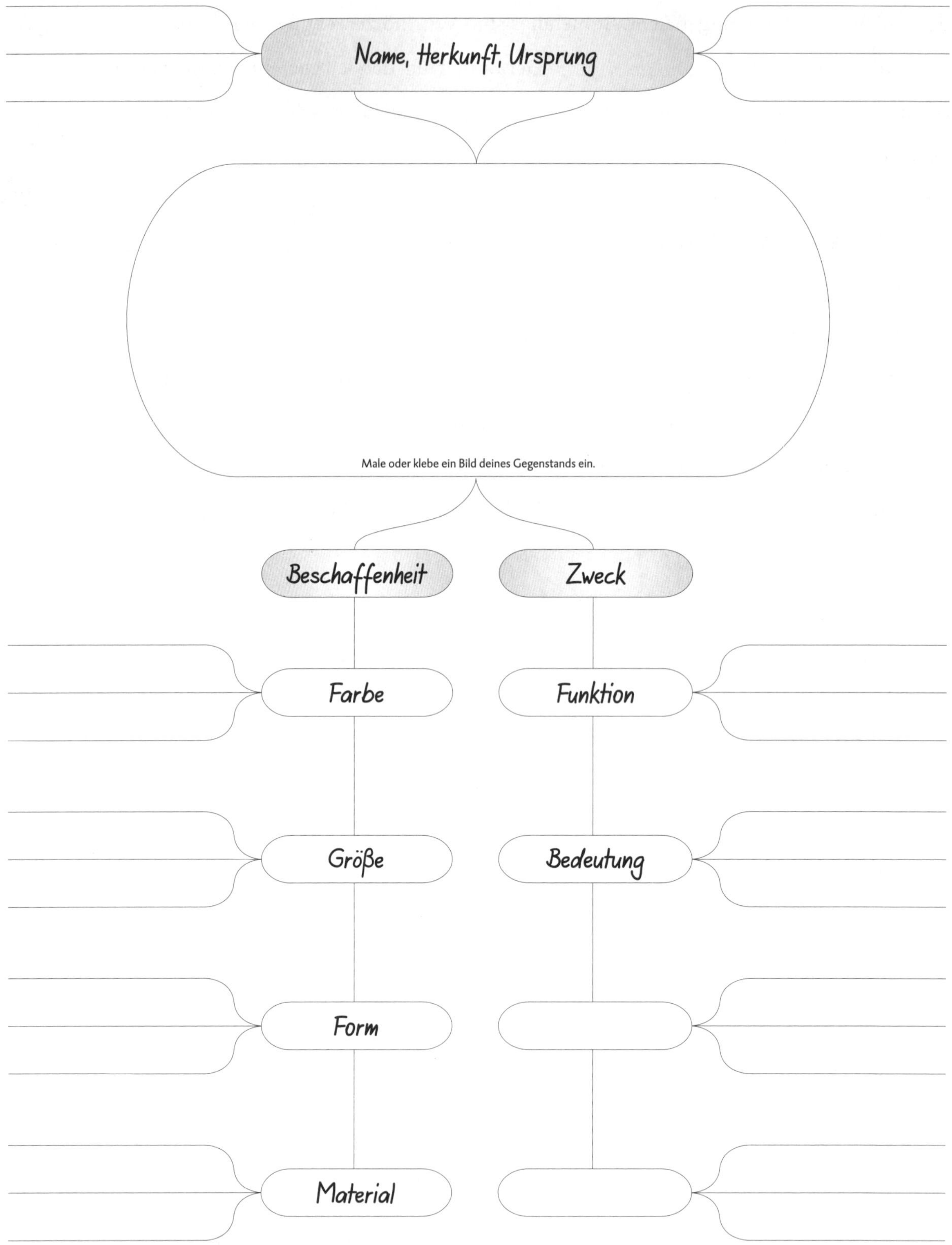

b Bringe deinen Gegenstand mit in die Schule und erzähle deinen Mitschülern etwas über ihn. Deine Stichwortsammlung wird dir helfen.

51 Lies den Text.

Der Schulausflug

Die Klasse 9b macht heute einen Ausflug. Die Schüler dürfen in die Eishalle fahren und dort den ganzen Vormittag Schlittschuh laufen. Treffpunkt ist um 8:30 Uhr in der Aula der Schule. Von dort geht es gemeinsam zur Bushaltestelle. Aber zuerst kontrolliert Herr Weber, ob alle Schüler da sind.

EMEL: Aylin fehlt natürlich wieder. Nie kann sie pünktlich sein!

LAURA: Und wir bekommen dann die schlechte Laune ab, wenn Herr Weber sauer wird.

KEREM: Stimmt! Er sieht schon wieder leicht genervt aus.

ELENA: Außerdem stehen wir uns hier die Beine in den Bauch und frieren. Warum muss es in der Aula nur immer so kalt sein?

MURAT: Dann macht doch einfach die Türen zu.

Während die Klasse auf Aylin wartet, sammelt Herr Weber das Geld ein und erklärt den Schülern, wie sie sich in der Eishalle verhalten müssen.

HERR WEBER: Wir sind nicht allein auf dem Eis. Also nehmt bitte Rücksicht auf die anderen Besucher. Niemand schubst seine Mitschüler und alle folgen den Anweisungen des Personals. Habt ihr das verstanden? Ich habe keine Lust, mit einem von euch heute noch ins Krankenhaus zu fahren.

KEREM: Geht klar!

ANDREJ: Ja, ja, wir passen schon auf.

Endlich kommt Aylin! Um 8:45 Uhr macht sich die Klasse auf den Weg und kommt eine halbe Stunde später in der Eishalle an. Dort ist es schon recht voll, weil bereits eine andere Schulklasse auf der Eisbahn ist. Kerem und Andrej sind gute Eisläufer, sie haben ihre eigenen Schlittschuhe dabei. Die anderen müssen sich erst noch Schlittschuhe ausleihen. Bis alle Schüler passende Schuhe gefunden haben, ist es schon 9:30 Uhr.

KARINA: Meine Schuhe sind viel zu groß. Kann jemand mit mir tauschen?

EMEL: Ja, hier bitte. Meine sind zu klein.

MURAT: Nein, das geht wirklich nicht! Ich ziehe doch keine weißen Schlittschuhe an.

VICTOR: Da hinten liegen noch schwarze Schuhe. Vielleicht passen sie dir ja?

NAMI: Die Schuhe sind total eng.

MARTA: Du darfst sie nur nicht so fest binden.

Als endlich alle ihre Schlittschuhe haben, kann der Spaß beginnen: Aylin, Laura, Karina, Murat und Victor machen eine lange Schlange. Sina versucht, rückwärts zu fahren, und Nami ist ganz vorsichtig. Sie hält sich an der Bande fest, denn sie steht zum ersten Mal mit Schlittschuhen auf dem Eis.

Plötzlich sausen Kerem und Andrej auf Marta zu und schreien.

KEREM: Aus der Bahn!

ANDREJ: Hier kommen die Eiskanonen!

Vor Schreck stürzt Marta auf das Eis. Sie schreit laut auf und hält sich den Fußknöchel. Herr Weber kommt sofort über das Eis gelaufen. Er ahnt, dass etwas Schlimmes passiert ist.

HERR WEBER: Oh weh! Das sieht nicht gut aus! Ich glaube, wir müssen heute doch noch ins Krankenhaus fahren!

52 Bringe die Aussagen in die richtige Reihenfolge (1 bis 6).

( ) Marta stürzt auf das Eis und verletzt sich.
( ) Die Schüler ziehen sich Schlittschuhe an.
( ) Aylin kommt am Treffpunkt an.
( ) Herr Weber überprüft, ob alle Schüler anwesend sind.
( ) Die Klasse fährt zur Eishalle.
( ) Karem und Andrej erschrecken Marta.

53 Richtig oder falsch? Kreuze an.

	richtig	falsch
• Die Klasse trifft sich um halb acht in der Aula.	☐	☐
• Aylin kommt eine Viertelstunde zu spät.	☐	☐
• Die Klasse ist um Viertel nach neun in der Eishalle.	☐	☐
• Das Anziehen der Schuhe dauert eine halbe Stunde.	☐	☐

54 Beantworte die Fragen in ganzen Sätzen.

a Was macht Herr Weber, während die Klasse auf Aylin wartet?

____

____

b Müssen sich alle Schüler Schlittschuhe ausleihen?

____

c Ist die Klasse allein auf der Eisbahn?

____

d Was macht Nami auf der Eisbahn und warum?

____

____

e Wie kommt es zu Martas Unfall auf dem Eis?

____

____

____

f Welche Verletzung hat Marta?

____

g Wie reagiert Herr Weber auf den Unfall?

____

____

Test

1 Nenne sechs Personen, die im Schulhaus arbeiten.

- ______________________
- ______________________
- ______________________
- ______________________
- ______________________
- ______________________

2 Wie spät ist es? Notiere.

7:15 Es ist Viertel nach sieben.

11:30 ______________________

14:45 ______________________

17:15 ______________________

20:30 ______________________

21:50 ______________________

3 Welches Datum ist heute? Notiere.

15. 3. der fünfzehnte März

12. 7. ______________________

6. 4. ______________________

1. 9. ______________________

20. 5. ______________________

3. 12. ______________________

4 Ergänze passende Farbwörter.

a Die Sonne ist ______________________.

b Der Himmel ist ______________________.

c Die Pflanze ist ______________________.

d Die Kirsche ist ______________________.

e Die Maus ist ______________________.

f Die Schokolade ist ______________________.

g Die Apfelsine ist ______________________.

h Das Blatt Papier ist ______________________.

5 Wie sieht dein Stundenplan heute aus? Was machst du nach der Schule noch?
Schreibe zehn ganze Sätze.

In der ersten Stunde haben wir ______________________

6 Löse das Rätsel.
In der richtigen Reihenfolge ergeben die Lösungsbuchstaben einen Ort im Schulhaus.

senkrecht

1 Du brauchst sie zum Eislaufen.
2 Schulleiter
5 Was ist am 31. Dezember?
6 sehr klein
7 Heiligabend ist am ... Dezember.
8 Diese Tasche trägst du auf dem Rücken.
11 ein australisches Wurfholz
13 Dort hast du Sportunterricht.
16 Dort spielen die Schüler, wenn kein Unterricht ist.
17 Das lernen schon kleine Kinder im Deutschunterricht.
19 Hier lernst du etwas über Tiere und Pflanzen.
20 Das machst du, wenn du müde bist.
21 Dieser Monat kommt nach dem Juli.
22 Dort heftest du Arbeitsblätter ein.
23 Der Mai ist der ... Monat im Jahr.

waagerecht

3 Dort kannst du Bücher ausleihen.
4 sehr kalt
9 Das macht man mit dem Handy.
10 Farbton zwischen Grün und Blau
12 Damit wischst du die Tafel.
14 In diesem Fach macht ihr Versuche im Labor.
15 Damit kann man Arbeitsblätter vervielfältigen.
18 Das machst du im Wasser.
20 der erste Tag vom Wochenende
24 eine Farbe der deutschen Flagge
25 Er kümmert sich um das Schulhaus.
26 der erste Monat im Jahr
27 der zweite Tag der Woche
28 Das machst du mit einem Lied.
29 Daran hängt man Landkarten auf.

Lösungswort:

A	B	C	D	E	F	G	H	I	J	K	L